北海道の 図書館員が薦める ブックガイド

わが町を 知って もらうなら！

監修　野口武悟　青木竜馬

編著　加藤重男（北海道図書館研究会）

中西出版

ようこそ、北の「知」の館へ！

　北海道図書館研究会の始まりは、札幌にて2019年 7 月 7 日、北海道の学校図書館の実情と課題、胆振東部地震などの自然災害と夕張市の財政破綻による危機対策、砂川市のいわた書店「一万円選書」の秘密、道内図書館における連携事例報告という 4 つのテーマで開催した勉強会でした。当日は、道内はもちろん全国から参加者が集いました。集会の様子は、同年 7 月28日北海道新聞全道版に掲載されています。以降、オンラインによる鼎談、電子書籍講座、YouTube による対談の配信などを行っています。

　国土の22％を占める広大な大地をもつ北海道には、地域の特色を生かしたユニークな図書館がたくさんあります。書店やメディアなど本に関わる仕事をしている人も巻き込み、北海道の活字文化を盛り上げていくのが当会の趣旨です。

　この度、北海道179全市町村に連絡を取ることができました。集まってきた知識は当会の宝です。そこで紹介された書物とその背景をこの本に詰め込みました。本書が北海道のアーカイブ資料として、多くの人の手に取られたらとても嬉しいです。

掲載するにあたり

　北海道の地域は14総合振興局・振興局に分けられています。本書では13総合振興局・振興局で編集しています。

　ページの流れは通常の「北海道本」とは異なり、北海道公式ホームページ（HP）に合わせて、「空知」から始まります。札幌など地区館からも回答が届いている市町村は、北海道立図書館公式HPに掲載されている順に揃えています。

　179市町村の図書館・図書室のみなさまに、本書のタイトル『わが町を知ってもらうなら！』というアンケートへの協力をお願いし、170市町村からご回答いただき、大変ありがとうございます。

　アンケートの回収は、原則2022年 6 月 1 日から 8 月15日までとして、メール、もしくはFAXで受け付けました。

　人口がおよそ 5 万人を超える市町には、 2 ～ 4 冊紹介してもらいました。傘下の地区館を統括して紹介してくれた図書館もありました。

アンケートに記載された書物208タイトル（シリーズもの１タイトルとして）を本書のブックガイドに掲載しています。書物の「内容」は、アンケートの原文を尊重していますが、編集・校正の都合上、字句や表現を修正している箇所もあります。また、記載いただいた「内容」の一部と「推薦理由」に関しては、読者のみなさまへまろやかにお伝えしたく、敬体語に統一させていただきました。ご回答いただいた図書館・図書室のみなさま、何卒ご了承ください。

　掲載している書物は、その図書館や図書室でしか手に取ることができないものがあります。すでに絶版になっている、出版社が変更されている、単行本から文庫になっている作品もあります。非売本も多数含んでいます。「地域資料」「郷土資料」「地方資料」という言葉の使い方も図書館や図書館員によって異なります。

　本編の書誌情報は誌面の都合上、簡潔に掲載しています。書店で購入できるような一般流通している出版社の書物は、「発行」という記載を除いています。

　本書は「図書館員」という言葉を使用しています。館長や司書以外でも、図書館業務に汗をかいて奮闘している方が、本書にたくさん関わっているからです。アンケートでは役職や所属なども記載していただきましたが、本書では除いています。

インタビューについて

　2021年春から2022年８月までに、それぞれの地域、町、図書館、そこで働く図書館員に訪問しました。以降、オンラインやメール、電話などで取材した26館をこの度ご紹介します。

　北海道図書館研究会による期間限定YouTube配信が2021年12月から2022年９月まで行われましたので、その対談からもセレクトしています。掲載されている情報は、2022年12月現在のものです。

　本書に登場するフクロウは、北海道を代表する鳥であり「知」のシンボルです。地域に根づいた情報の担い手として、人との縁を大切にし、文化を次世代へつなぎます。

　必ず手に取りたくなる書物を発見できます。
　空知から参りましょう！

編著者

旅と図書館という
文化が生まれた瞬間

　本書には「旅」がたくさん詰まっています。しかし、それは旅行ガイドが紹介するような「旅」ではありません。あるのはそこで暮らす人たちの息づかいだったり、笑顔だったり、まなじりを決して困難に立ち向かう姿だったりします。

　本書は編著者の加藤重男氏の情熱と行動力によってできあがりました。同氏はクルマではなく、汽車とバスとまれに飛行機、船を使い、北海道中の図書館を訪ね、聞き書きし、本書をまとめました。またアンケート依頼など膨大な事務作業もこなしたのです。

　図書館ツーリズムという言葉があるかどうか知りませんが、本書を読むとその土地に行ってみたくなり、図書館に寄ってみたくなります。そして、地元の人と図書館の方が交わす会話に耳をすませてみたくなります。

　文化とは、頼まれもしないのに情熱を傾ける人物によって生まれるものだと思います。本書によって「旅と図書館」という文化が生まれました。その誕生の瞬間に立ち会うことができた幸せを感じています。

　　　　　　　　　　　　　　　　　　　青木　竜馬

目　次

CONTENTS

後志

胆振

日高

渡島・檜山

上川

留萌

宗谷

オホーツク

十勝

釧路

根室

空知
そらち

沼田町
秩父別町
深川市
北竜町
雨竜町
妹背牛町
滝川市
新十津川町
赤平市
砂川市
歌志内市
浦臼町
上砂川町
奈井江町
芦別市
月形町
美唄市
三笠市
岩見沢市
南幌町
栗山町
夕張市
長沼町
由仁町

図書館が協力し合って、一緒に、元気に！

滝川市立図書館
深村清美さんに聴く

■滝川市プロフィール

　滝川市は人口約4万人、札幌よりも旭川に近い町です。石狩川と空知川に挟まれ、平坦でゆるやかな丘陵地帯です。

　1890年屯田兵が入植。水害を受けながらも、赤平や芦別などからの石炭物流が滝川市の発展の柱となりました。上昇気流が発生しやすく、スカイスポーツが盛んで、滝川駅前にはグライダーが展示されています。

　ところで、滝川市といえば「味付ジンギスカン発祥の地」です。「松尾ジンギスカン本店」、「美味の花尻」、「アイマトン」、「小林ジンギスカン」4社のジンギスカン会社があるそうです。訪問したらお腹いっぱい食べないと！

■滝川市立図書館プロフィール

　1973年開館。2011年11月、市役所庁舎2階へ移転、滝川駅から徒歩15分ほどです。約15万冊の蔵書です。

　独自のテーマ別配架を採用し、地の利を生かした「行政連携」や、雑誌蔵書の充実より多くの新鮮な情報を提供する「雑誌ささえ隊」。市内のお店や団体・サークルを利用者のみなさんに紹介する「まちなかコンシェルジュ」などを、積極的に行っています。

　2021年「Library of the Year 2021」ライブラリアンシップ賞受賞。

官民問わずあらゆる相手との連携

北の出版社・北の本「どさんこ出版人たちの熱き想い」

　2019年4月、紀伊國屋書店札幌本店1階で「北の出版人 本気＆本音トーク」が行われました（司会進行は北海道図書館研究会加藤重男が担当）。この催しに参加した深村さんは「北海道の出版社を応援したい、もっと市民にその存在を知ってもらいたい」という思いから、滝川市立図書館でも同様の催しを行いました。北海道は首都圏を除くと地元出版社の多い地域です。担当編集者は仕上げた1冊への思いを語

「北の出版社・北の本」展の様子
（写真提供：滝川市立図書館）

りました。「地元書店に北海道内の出版社フェアを依頼して盛り上げてもらうとともに、この機会を大事に、出版社との連携を他の自治体にも広げていきたい」と深村さんの言葉は熱いです。

えべおつ出会いの森オープン！

　2020年滝川市北部、江部乙（えべおつ）にある農村環境改善センターがリニューアルオープンしました。江部乙は1971年滝川市と合併した地域です。合併前の江部乙には既に図書室があり、滝川市の図書館は江部乙が走りです。農村環境改善センターは集会室や体育館など多岐にわたる施設が整備されており、その中のコミュニティスペースに図書コーナー「えべおつ出会いの森」が設置されました。壁面にずらっと図書の表紙を展示しています。まちライブラリー＠ちとせ（千歳市末広6丁目3　アルファ千歳ビル1階）に似た空間作りになっています。3か月に一度、季節に合わせて図書の入れ替えをしています。もちろん借りることもできます。こちらの施設は「見せる」ことを重点に、本館とは全く異なるアプローチをしています。江部乙駅から歩いて12分ぐらいなので気軽に訪問できます。滝川市農村環境改善センター　滝川市江部乙町東11丁目13番1号

滝川市立図書館キャラクター「羊（よう）くん」「なばなちゃん」完成！

　絵本作家よしながこうたくさんが滝川市立図書館のキャラクターを制作しています。深村さんによると、よしながさんと図書館は市内の小学校で何度も絵本ライブを開催しているご縁があり、2020年のホームページリニューアルの際にキャラクターをデザインしていただいたそうです。

≪キャラクター紹介≫

滝川に住む、小学生の兄妹の羊(よう)くんとなばなちゃんです。

小さいころから、お母さんといっしょに図書館にきて、たくさん本を読んでいる。おはなし会もだいすき！

小学校では、ふたりとも図書委員会に入っている。

羊(よう)くん　小学6年生で図書委員長

まじめで優しく、ちょっぴりおっちょこちょいでマイペース。色々なことにきょうみがあり、とくに理科や算数が大好き！本を読んでいると、じかんをわすれちゃうことも…。好きな食べものはジンギスカン。

なばなちゃん　小学4年生で図書委員

しっかりもので元気いっぱいのおちゃめな女の子。どんなことでもコツコツとがんばるタイプで、おうちのおてつだいもバッチリ！えほんやおはなしが好きで、お母さんと本をおすすめしあっている。

好きな花は菜の花。

滝川市立図書館HPより

家族歴史研究家・岸本良信さんの家系図を作ろう！
～ファミリーヒストリーの調べ方～

　2021年11月オンラインで開催した企画です。オンラインの視聴ができない方のために市役所の会議室に視聴会場を設けました。岸本さんは札幌市在住、NHK『ファミリーヒストリー』の番組制作にも携わっています。今回は「ファミリーヒストリーの調べ方　初級編」と題し、家系の調べ方や謄本からわかる情報などについて講義しました。参加者には高齢者も多く、関心の高さがよくわかります。実際の調査となると相当な時間や手間がかかるそうですが、400年ぐらい前までは追いかけることができるようです。

深村清美さんプロフィール
滝川市出身。1992年より滝川市立図書館勤務、2019年館長に就任。

取材メモ
「広報を常に意識しないと寄附などの支援はしてもらえない。活動周知を意識するようにしている」と地域への発信に力を入れ、「『また来たい！』と感じてもらえるような図書館でいたい」と深村さん。さらにスタッフ全員が町に出て連携相手を取材して交渉してくるというスタンスを大事にしています。「道内の図書館が協力し合って、一緒に元気になる取り組みを行っていきたい！」と、今後の抱負も含めて笑顔たっぷりで話してくれました。

コンパクトで
住みやすい町ですよ

沼田町図書館
菊池詩織さんに聴く

■沼田町プロフィール

　沼田町は石狩平野の北部、人口約3000人の町です。以前は雨竜炭鉱で栄え、現在は農業が中心です。トマトジュースなどトマトの加工産業が大変盛んです。

　宝島社が発行した月刊誌『田舎暮らしの本』2022年2月号≪2022年版第10回住みたい田舎ベストランキング≫において「人口1万人未満のまち」の「若者世代・単身者が住みたいまち部門」「シニア世代が住みたいまち部門」でそれぞれ第1位となりました。また「子育て世代が住みたいまち部門」でも第2位、「北海道エリア」第1位、全国240町「総合部門」で第2位となりました。大変支持率の高い「田舎まち」です。
※2023年「子育て世代部門」も1位となり4部門制覇。「北海道エリア」は5年連続首位。
全国150町「総合部門」でも1位を獲得しました。

■沼田町図書館プロフィール

　2002年、現在の図書館が開館します。以前は公民館図書室として運営していました。蔵書約6万冊。地域の特性を意識して化石、トマト、蛍、雪に関する資料を選書しています。JR石狩沼田駅から歩いて10分ほど。生涯学習総合センター「ゆめっくる」に図書館が入っています。

ほど良い徒歩圏内の生活環境

生活しやすい町づくり

　菊池さんは「ほどよい田舎ですが、子育て支援や教育が手厚いと思います。コ

ンパクトエコタウンなので、徒歩圏内に主要施設をまとめるという取り組みも進んでいて、不便さはあまり感じません。真冬の除雪作業もとても迅速で助かっています」と語ります。

雪関連の図書を選書する理由

　再生可能エネルギーとして沼田町には雪を貯蔵して夏に冷房として活用する施設がいくつかあり、その中に図書館も含まれています。図書館が入っている生涯学習総合センター「ゆめっくる」に隣接する雪の科学館で雪を貯蔵します。施設の貯雪量は30トン。農産物などの長期貯蔵施設にもなっています。

　「ゆめっくる館内の雪冷房方式は冷水循環方式を採用しており、雪の科学館内の貯雪庫で冷された雪解け水を蓄熱槽へ貯め、1次側循環ポンプにより熱交換器へ提供されます。熱交換後の1次側循環水の戻り先は、水温により設定することができます。また、循環水温も、浸水深さの設定により変更可能で、これらを組み合わせ効率的な運転が行われています」と公式HPに記載されています。

　沼田町では、エネルギーはもちろん産業、教育、文化、特産品に至るまで雪を積極的に活用する方針を採用しており、図書館でも雪関連の資料を重点に揃えています。

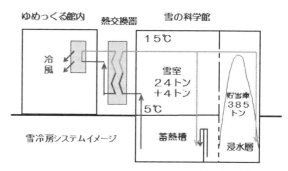

沼田町公式HPより

トマト関連の図書の選書について

　加工用トマト栽培と製品化は沼田町の大きな産業の一つです。トマトジュースやケチャップなどを製造しています。特にケチャップはコクがあって、つい舐めてしまうほど美味しいです。

　図書館では、一般書は主にトマトを主役としたレシピ本や家庭菜園も含むトマト栽培の関連本を中心にした選書を行っています。

3町合同絵本作家企画

　たくさんの絵本作家さんを招いている十勝の新得町図書館に相談して、2013年から北竜町と秩父別町と3町合同で、絵本作家さんを招聘しています（初年度のみ幌加内町も参加）。

第 1 回は、かさいまりさんを招き、ボランティアさんと一緒に 1 冊の絵本の中で役を振り分けた読み聞かせを行ったそうです。2021年の第 9 回は、よしながこうたくさんの原画展を開催しました。

ほろしん温泉と恵比島駅

市街から少し離れたところにほろしん温泉があります。温泉は「ほたるの里」の中にあり、夏になると自然の蛍を観賞できます。沼田町は「ほたる保護条例」を制定しており、図書館で蛍関連の選書にも重点を置いています。

ほろしん温泉の最寄りはJR恵比島駅です。この駅は1999年に放送されたNHK連続テレビ小説『すずらん』のロケで使われました。架空の駅「明日萌駅」の看板は現在もそのまま使用されているので、下車した旅行者は時々駅名を勘違いします。図書館ではドラマ台本など番組資料も所蔵しています。

マンガアンケートによる購入

2022年度から小学校 5・6 年生と中学生にマンガアンケートを実施して、1 位と 2 位になったマンガを購入するといった取り組みを始めています。少しでも図書館に関心を持ってほしいという目的です。結果、1 位は『ゴールデンカムイ』、2 位は同票で『Dr.STONE』『SPY × FAMILY』だったそうです。協力してくれた学校には第 1 巻から第 7 巻までの前半を展示。以降の巻については図書館で展示貸し出しを行っています。図書館へ行くと続きが読めるという作戦をたてたそうです。『ゴールデンカムイ』は現在第14巻まで購入しています。

＊時々カウンターにはこのようなご案内を置いています。

菊池詩織さんプロフィール
札幌市出身。2008年より沼田町図書館に勤務。

取材メモ 2023年 3 月末に留萌本線の石狩沼田−留萌間、2026年に深川−石狩沼田間の廃止は淋しいですが、菊池さんをはじめ町民のみなさんは、「コンパクトで住みやすい町ですよ」と言っています。

SORACHI BOOK GUIDE

夕張市りすた図書館／夕張市 (ゆうばりし)

風雪六十年　夕張発展の裏面史・簗田郡太郎伝
森武峰著／夕張タイムス社／1966年

内容／簗田（やなだ）郡太郎、明治3年熊本生ま
れ。明治21年親兄弟と共に幾春別炭山に渡道、明
治25年夕張炭鉱に移住。明治21年坂市太郎夕張
炭田発見。『夕張市史』の登川村市街地の様子は
本書から引用されている。簗田は明治27年炭坑夫
を辞めて博徒となり、明治31年血斗事件を起こし
て監獄入り。出獄後夕張市議会初代議長を務める。

推薦理由／登川村初期の頃から夕張町、夕張市と
発展していく様子を具体的に描いた歴史書として読
めますが、簗田の語りで書かれているので読み物とし
ても面白いです。前半の部分は仁侠映画そのもの。

風雪六十年
書影提供
夕張市りすた図書館

岩見沢市立図書館／岩見沢市 (いわみざわし)

いなかのほんね
北海道教育大学の学生26名＋來嶋路子編／中西出版／2021年

内容／二十歳の学生26名がかつて炭鉱で栄えた北海道岩見沢の美流渡（みると）・毛陽（も
うよう）・万字（まんじ）に住む人々にインタビュー。豪雪地帯の過疎地、決して便利
ではないこの地に、生まれ住み続ける人、移住する人。なぜこの地に惹かれ、この地に
住むのか？学生たちの質問から繰り広げられる本音の物語です。

推薦理由／岩見沢の美流渡の山を買い、現在出版社を立ち上げて精力的に活動している
來嶋路子さんが編集された『いなかのほんね』。この中には2年前に美流渡に移住され
た画家MAYA MAXXさんのインタビューも含まれています。現在、このお二人を中心
に旧美流渡中学校を利用して、地域の人々と年に数回「みる・とーぶ展」を開催し、地
域を盛り上げるプロジェクトが始動しています。

美唄市立図書館／美唄市 (びばいし)

びばい　小学校3・4学年社会科副読本
美唄市社会科副読本編集委員会編／美唄市教育委員会発行／2013年

内容／学校の先生方と美唄市教育委員会が中心となり、市役所、郷土史料館、消防署、
警察署、商工会議所、農協、浄水場、ゴミ処理センター、リサイクルセンター、日本理
化学工業（株）、矢崎化工（株）など美唄市内の各施設、事業所などの協力をもとに編
纂された小学校社会科の副読本です。

推薦理由／美唄市内の関係各所の協力をいただいて編纂された資料で、美唄の市章の由
来やまちなかの様子、市の商業、工業、農業やお祭り・観光名所についてなど幅広く取
り上げています。美唄市のまちの歴史や今のまちづくりについてなどこの1冊を読めば、
美唄のまちについてより理解が深まる資料となっています。

芦別市立図書館／芦別市 （あしべつし）

芦別大図鑑
北海道アート社企画・制作／芦別市編・発行／1993年

内容／芦別市に開拓の鍬が入って100年を記念して発行しました。芦別市の四季や自然、歴史などを網羅した1冊です。

推薦理由／芦別市は北海道のほぼ中央部に位置し、市の面積の88％が森林の豊かな自然に恵まれたまちです。四季折々の美しい風景や、開拓から基幹産業となる農業・林業・石炭産業などの歴史、時代背景など多くの写真が掲載されており、代々受け継がれてきた人々の生活を後世に伝える資料です。道立図書館や道内のいくつかの他の図書館でも所蔵しています。また、芦別市企画政策課秘書係と星の降る里百年記念館で販売しています。

赤平市図書館／赤平市 （あかびらし）

ズリ山
若林勝・作／梶山俊夫・絵／牧書店／1970年（新少年少女教養文庫37）

内容／1913年からの炭鉱の町「赤平」の物語、1970年までのズリ山の歴史について記載されています。

推薦理由／1970年、市に寄贈された本ですが、1980年に図書館に移管されています。炭鉱の初期そして全盛期から衰退期が描写され、現在となっては往時を知る貴重な書籍となります。

三笠市立図書館／三笠市 （みかさし）

歴史写真集みかさ
「歴史写真集みかさ」編集委員会編／三笠市立博物館発行／1991年

内容／三笠市は北海道の近代炭鉱と鉄道発祥の地です。この写真集には、明治以降の三笠市の様子を撮った貴重な写真が収められています。

推薦理由／三笠市は明治元年に石炭発見、明治12年に幌内炭鉱が設置され、明治15年に市来知村が開村されました。それが、今の三笠市の誕生となります。そんな明治以降のいろいろな分野の三笠市をご覧になることができます。

滝川市立図書館／滝川市 （たきかわし）

生きようよ　死んじゃいけない人だから
細谷亮太著／岩崎書店／2010年

内容／聖路加病院の小児科医・細谷先生は40年にわたり、たくさんの子どもたちのいのちと向き合ってきました。「生と死」が隣り合わせの子どもたちから教わったことを、ご自身の半生とともに綴ったエッセイです。若い世代の方へのメッセージも込められています。

推薦理由／滝川市にはアジア初の難病とたたかう子どもたちのための医療ケア付キャンプ場「そらぷちキッズキャンプ」があり、細谷先生が代表理事を務めています。自然の中でいきいきと過ごす子どもたちが本文の中でも描かれています。当館のコンセプト「出会いといのちの森」は「そらぷちキッズキャンプ」からヒントをもらい命名しました。

砂川市図書館／砂川市 (すながわし)

山谷源次郎（シリーズ福祉に生きる25）
平中忠信著／大空社／1999年

内容／明治期の開村間もない砂川で、お菓子を売りながら孤児院を開設した山谷源次郎の伝記です。

推薦理由／2年ほど前、北海道で作られた偉人カードで砂川の偉人として選ばれた方ですが、おそらくあまり知られていません。この機会に砂川にこういう人物がいたと広く知ってもらえると嬉しいです。

山谷源次郎
（現在は大空社出版発行）

歌志内市立図書館／歌志内市 (うたしないし)

遥かなる炭鉱の絆　友子と郷土料理なんこ
歌志内市教育委員会編・発行／2022年

内容／『歌志内市史』で親分と子分の関係を「友子」と呼び、採掘技術の熟練者として尊敬される人々がいた。高橋揆一郎『友子』（第11回新田次郎文学賞）は「友子」について描かれている。「友子」はなぜ歌志内に来たのかなどの伝承、歴史を紹介。また歌志内市の名物である「なんこ」と「友子」にはつながりがあり、市内のなんこ提供店がなんこを次世代へつなげる想いを語るなど郷土愛溢れる内容を収録。

推薦理由／歌志内市の誕生から地域の方に愛される「なんこ」についての歴史がわかります。なんこ提供店が地域名物としてつなぎ続ける努力や想いを、多くの方に伝えたいです。またなんこ伝承者である「友子」も歌志内出身作家が作品の題材として描くほど地域の方に尊敬される存在であったこともいろいろな方に知ってもらいたいです。

深川市立図書館／深川市 (ふかがわし)

Petit JP 01　深川市　vol.3
総合商研編／深川観光協会企画・発行／2022年

内容／道内有数の生産量を誇る米や果物、そばなどの農産物とそれらを使った加工品について、農産物の物語を中心に深川市の魅力を紹介しています。

推薦理由／農産物や加工品の説明が詳しく、生産者へのインタビューも載っているため読みごたえがバッチリあります。どこへ行けば深川の味覚を味わえるのかも載っているため、これを読めば深川にきたくなります。

南幌町生涯学習センターぽろろ図書室／南幌町 （なんぽろちょう）

夕張川治水史略　この道のりは長かった
野崎昭三著／南幌町郷土史研究会発行／1994年

内容／明治43年から昭和11年にわたり夕張川治水事業に尽くしたのが南幌町の保原元二。水害から南幌町を守るため、10名の作業員が犠牲になりながらも、南幌町と長沼町との境界を曲がりくねって流れる夕張川を、千歳川から絶縁して直接石狩川に放水路でつないだ。当時の画期的な大事業である夕張川治水工事の様子を語る。

推薦理由／夕張川治水工事は水害のまちとして知られている南幌町を水害常襲地帯から穀倉地帯へと豹変させた歴史的偉業で、夕張川洪水の禍根を断とうと挑み続けた人々の英知と情熱で成し遂げられました。長年にわたる地質の関係から非情な難工事で、多くの事故の発生や尊い10名の命が犠牲となりました。町では犠牲になった方の供養と治水工事の成功に感謝し、毎年7月1日を「治水感謝の日」として治水感謝式が執り行われています。

奈井江町図書館／奈井江町 （ないえちょう）

なえい
奈井江町郷土研究会編／奈井江町郷土研究会、奈井江町教育委員会発行（1982年創刊）

内容／奈井江町郷土研究会誌（年1回発行）

推薦理由／毎号20〜30ページほどで郷土研究会員が興味深いテーマを選び、それに沿い集めた市井の人々のナマの声が掲載されています。奈井江町の生きた歴史を知ることができる資料です。

上砂川町民センター図書室／上砂川町 （かみすながわちょう）

歴史傳道　上砂川郷土探訪記録誌
大西ヨシ子、木村誠一、片山敬次ほか著／上砂川町教育委員会発行／2006年

内容／本書は、『上砂川市井史』木村誠一著、『古老は語る』片山敬次著の2冊子を含んだ開拓以来の歴史や、当時の人々の暮らしや心情、情景等が表現されている貴重な1冊です。

推薦理由／上砂川町は鶉農場の開拓から始まり、多くの歳月を炭鉱と共に歩んで来ました。炭鉱の歴史から当時の人々の暮らし等が記録されていることを、後世に残す資料です。

由仁町ゆめっく館／由仁町 （ゆにちょう）

由仁町の記念碑
由仁町郷土資料研究会編・発行／1989年

内容／町内の記念碑、銅像、頌徳碑やブロンズ像を1冊にまとめ、所在地、建設の趣意や建立日、構造などのデータを写真と共に紹介しています。

推薦理由／地元の郷土研究に携わる方々が町内に建立された記念碑等を丹念に調査し、3年がかりでまとめあげたもので、基本データのほか、碑に刻まれた碑文もすべて書き起こされています。ひと目で町内の記念碑の位置が把握できる見取図もわかりやすいです。先人の偉業を偲び、記念碑めぐりはいかがでしょうか？

長沼町図書館／長沼町 (ながぬまちょう)

はまなす砂丘の植物たち、馬追丘陵自然の森 遊歩道の植物たち、長沼町耕地防風林の植物たち
馬追野花の会編・発行／2013、2020、2022年

内容／長沼町に自生する植物の目録と写真を集録した小冊子（図鑑）。「馬追野花の会」の会員がはまなす砂丘、馬追丘陵、防風林で観察会や植物調査を行って自費出版しました。学名はもちろん、帰化種・北海道ブルーリスト（HBL）の記載があり、学術的な内容です。

推薦理由／馬追野花の会は、2007年の北海道フラワーソンの参加を機に、長沼の植物の種類や分布を知りたいと発足、観察会や学術調査を行ってきました。2015年からの6年間に作製された植物標本は、2730点が北海道大学総合博物館に寄贈されたほど。そのような野花の会が作成したこの本は、自然を楽しむ人たちに役立ちます。

栗山町図書館／栗山町 (くりやまちょう)

栗山 −挑戦、感動、そしてやさしさ−
栗山町編・発行／2003年

内容／この1冊を読むだけで、栗山町の歴史から町の風景・モノ・ひと・ものがたりを知ることができます。

推薦理由／栗山町全図や栗山市街地図も掲載され、町で撮られた写真も多く掲載されているので、読むだけでまるで実際に訪れたような感覚になります。町の祭りや自然体験などを詳しく知ることができることはもちろん、かつて角田村という名称であった理由も簡単に確認できるので、開拓に携わった先祖の調査をする際にも役立てることができます。

月形町図書館／月形町 (つきがたちょう)

樺戸監獄「行刑のまち」月形の歴史（改訂版）
熊谷正吉著／月形ライオンズクラブ発行／かりん舎発売／2014年

内容／明治以降の北海道の歴史は、月形・樺戸集治監の存在ぬきには語れない。明治14年の開庁から大正8年の廃監に至るまで、北海道開拓の礎として大きな役割を果たした樺戸集治監の実態を、月形郷土史研究会会長が記した労作。

推薦理由／月形町は、明治14年に樺戸集治監（現在でいう刑務所）が設置され、そこに収容された囚徒により開拓されたという、特殊な歴史を持つ町です。町と共に歩んできた樺戸集治監の歴史や月形町の名前の由来となった樺戸集治監初代典獄（刑務所長）・月形潔について、そして、この本でしか読むことのできない裏話など、樺戸集治監の全てが詰まった1冊です。

浦臼町農村センター図書室／浦臼町（うらうすちょう）

北海道開拓者精神とキリスト教
白井暢明著／北海道大学出版会／2010年

内容／北海道開拓についてキリスト教の過酷な状況を克服する精神力や団結力を与えるものとしながら、開拓者精神をもって入植した団体の紹介をする書籍です。

推薦理由／第4章にて、浦臼に入植し開拓の礎を築いた「聖園農場・武市安哉」、第5章では、武市安哉没後に入植した「坂本直寛」について詳細に記されています。

新十津川町図書館／新十津川町（しんとつかわちょう）

十津川出国記（道新選書1）
川村たかし著／北海道新聞社／1987年

内容／史実を基にした長編小説『新十津川物語』を執筆するための取材をまとめたノンフィクションです。明治22年、奈良県十津川村を襲った山津波。各地域の被害状況や、北海道に新天地を求めることになった経緯、官民の奮闘、そしてなにより、新十津川を切り開いた人たちの苦闘が伝わってきます。

推薦理由／あとがきに、「民衆史として興味が尽きなかった」とある通り、多岐にわたる取材内容で、かなり読み応えがあります。『新十津川物語』とともに読んでいただきたいです。

秩父別町図書館／秩父別町（ちっぷべつちょう）

ちっぷべつで暮らす　北大生が聞いたちっぷ22組のライフストーリー
北海道大学2019年度「多文化交流科目田舎に行こう！ライフストーリーインタビュー」受講者47名著／秩父別町移住交流推進委員会発行／2021年

内容／北海道のほぼ中央に位置する道内2番目に面積の小さな町で、人口2300人のわが町秩父別町（愛称ちっぷ）に暮らす人のライフストーリーです。

推薦理由／さまざまな職種の町民が、これまたさまざまな出身地、学部の北大生に田舎での生活について何を語ったか、小さな町秩父別を大きく知っていただけます。

雨竜町農村環境改善センター図書室／雨竜町（うりゅうちょう）

雨竜沼湿原ガイドブック
雨竜町地域おこし協力隊 中村稜太著／雨竜町観光協会発行／2022年

内容／2005年11月に、ラムサール条約登録湿原となった雨竜沼湿原に自生する150種以上の美しい草花や湿原特有の昆虫等を写真付きで解説・紹介をしています。また、湿原までのルートや所要時間、距離も一目でわかりやすく記載しており、予定も簡単にたてられます。

推薦理由／雨竜沼湿原の成り立ちや登山道・湿原内の見所・雨竜町内の店舗情報を紹介していますので、この1冊があれば雨竜町の魅力を知ることができます。雨竜町道の駅・雨竜沼湿原ゲートパークにて1冊200円で販売しています。

北竜町図書館／北竜町 (ほくりゅうちょう)

Petit JP 01　北竜町
総合商研編／北竜町企画振興課企画・発行／2022年

内容／北竜町PRのため作成された情報誌です。
推薦理由／北竜町の概要から特産品なども紹介
されています。

Petit JP 01 北竜町
書影提供
北竜町企画振興課

＊『JP01（ジェイピーゼロワン）』は、北海道の魅力を発信する地域情報誌です。誌名は、国際
　標準化機構による「日本」と「北海道」の国際的地理コードに由来します。観光だけでなく、
　地域体験など北海道を愛する人々と、町おこしに励む地域の人々を情報でつなぎ、交流人口
　の拡大を支援しています。『プチJP01 市町村シリーズ』は、市町村ごとに編集された情報誌
　です。道の駅や観光案内所等で配布しています。「JP01」ロゴは、本誌を編集する総合商研
　株式会社の登録商標です。

沼田町図書館／沼田町 (ぬまたちょう)

北海道沼田町総合案内
沼田町編・発行／2019年

内容／沼田町についてどのような町かどんな施
設やイベントがあるかなどを総合的に紹介する
ガイドです。
推薦理由／夜高あんどん、化石、トマトなど沼
田町の魅力や資源などを紹介しています。全ペー
ジカラーで写真も豊富。沼田町を知ってもらう
には、おすすめの１冊です。2023年最新版の発
行を予定しています。

北海道沼田町
総合案内
書影提供
沼田町図書館

氷室冴子青春文学賞創設と図書館

「氷室冴子」をご存知ですか？

集英社「コバルト文庫」の看板作家として1980年代から90年代にかけて大活躍した岩見沢市出身の小説家です。2008年に亡くなられましたが、『なんて素敵にジャパネスク』シリーズをはじめ、多くの人気作を世に送り出しました。

その氷室冴子さんにちなむ「青春文学賞実行委員会設立準備会」が市立図書館の一室で開かれたのは、私が図書館長となった2016年のこと。私同様、地元フリーペーパーの編集長の声掛けで参加された方も多かったと思います。

驚いたのは、文学賞創設提唱者の法政大学大学院増淵敏之教授のお話に耳を傾ける方々が実に多種多様だったこと。市民有志と括られていましたが、年代は氷室さんの高校の恩師や同級生から現役の地元高校生まで幅広く、立ち位置も幼馴染やコアな氷室ファンから「今回名前を初めて知りました」という人までさまざま。図書館は岩見沢出身の作家・氷室冴子について郷土資料を周知する立場から参加していましたが、設立準備会のみなさんの「まず氷室冴子を知ろう」という姿勢に応え、文学賞の動きに伴走していきます。

以降、2020年春に異動で図書館から離れるまで、文学賞と連携したさまざまな事業に関わらせていただきました。私個人としては「氷室冴子」でつながった輪のもとだからこそ実現した事業や企画が、とにかく楽しかったのを覚えています。

特に、氷室冴子青春文学賞実行委員会が設立され、第1回文学賞が株式会社エブリスタ募集サイトで告知された2017年は、地元の岩見沢緑陵高校生による小冊子『はじめて読む氷室冴子』の作成、氷室さんの母校岩見沢東高の放送局員による朗読会の開催など、氷室さんを知らない世代の真摯な取り組みが印象深い年でした。また、図書館において開催した氷室冴子特別展示では、著作の他、ご遺族から貴重なお写真を借用し、パンフレッ

トに同級生の寄稿をいただくなど、氷室さんへの思いがあふれた内容だったと感じています。翌2018年には、最終選考会で第1回大賞作品が選出され、岩見沢市内で行われた授賞式では、図書館もトークショーや展示で協力しました。その後、2019年には第2回文学賞が始まり、第1回同様、授賞式とトークショーが地元岩見沢で行われるなど、氷室冴子青春文学賞は着々と実績を重ねていきます。

さて、現在2022年の文学賞界隈ですが、第1回大賞の櫻井とりおさんの受賞作は『虹いろ図書館のへびおとこ』の書名で2019年11月出版、後にシリーズ化され、2022年冬には第4作目が刊行。一方、第2回大賞の佐原ひかりさんの受賞作は『ブラザーズ・ブラジャー』として2021年6月に出版、2022年3冊目の著書が刊行されたばかり。第3回文学賞は該当作無しでしたが、この9月待望の第4回大賞作に、平戸萌さんの『私が鳥のときは』が選ばれました。もちろん、図書館は、授賞式とコラボしたトークショー企画などで引き続き文学賞との伴走を予定していると、現図書館長から伺っています。さらに、北海道教育大学岩見沢校i-Boxを中心に美術課程と連携するなど、図書館だけではできない取り組みを行っているとのこと。図書館の企画をこれからも応援したいと思います。

（元岩見沢市立図書館　杉原理美）

『虹いろ図書館のへびおとこ』

『ブラザーズ・ブラジャー』

いずれも河出書房新社

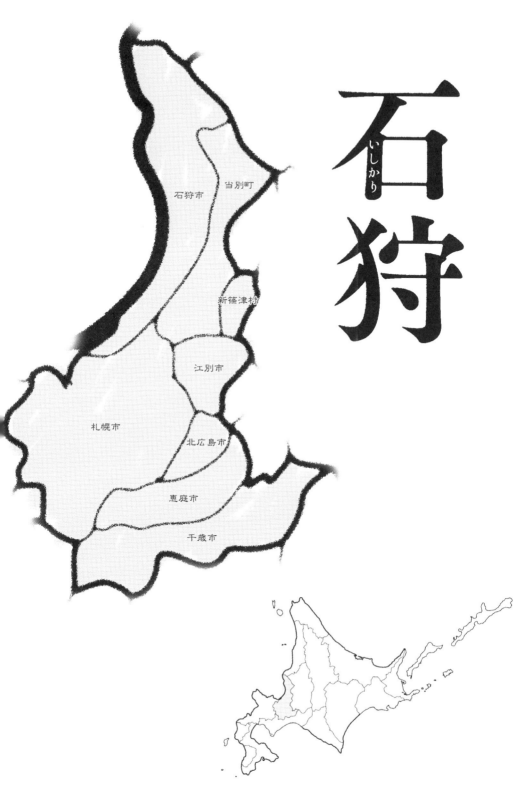

石狩
いしかり

石狩市
当別町
新篠津村
江別市
札幌市
北広島市
恵庭市
千歳市

INTERVIEW

図書館は魔女の館？

札幌市中央図書館
矢萩英美さんに聴く

■札幌市プロフィール

　札幌市は2022年8月に市制施行100年を迎えました。1869年の開拓使設置を機に、本格的な都市建設が始まり、現在では人口約197万人（北海道全体の30%超）を有する全国で4番目に人口の多い政令指定都市に成長しました。ひと冬の降雪量が5mに達する豪雪地でありながら、200万に近い人口を抱える都市は、世界的にも珍しいそうです。2030年には北海道新幹線が全線開通し、東京－札幌間が4時間半で結ばれる予定です。

■札幌市中央図書館プロフィール

　「市立札幌図書館」は、1950年、時計台に開設されました。1967年、新館建設により移転。1991年、現在の場所に「札幌市中央図書館」としてオープンしました。市の中心部から路面電車に乗車して約20分、「中央図書館前」で下車すると、目の前に図書館があります。中央図書館の蔵書は約86万5000冊、電子書籍は約9000冊です。その他、江戸後期から明治期の所蔵資料をデジタル化し、インターネットで「札幌市中央図書館デジタルライブラリー」も公開しています。

　また、札幌市には中央図書館以外にも地域に密着した地区図書館や、区民センター、地区センターなどのコミュニティ施設内の図書室や図書コーナー、大通カウンター等43か所の図書施設がオンラインで結ばれ、市内どこでも貸出しや予約ができるネットワークが構築されています。

非来館型サービスの提供

　2020年度後半以降、新型コロナウイルス感染症の影響により札幌市中央図書館では、対面型のイベントを実施できない期間が続きました。そこで非来館型、つまり

オンライン形式の催しを積極的に実施しました。それは動画配信の活用です。

HOPPA（一般社団法人北海道デジタル出版推進協会）との連携

　HOPPAは、2011年、札幌市中央図書館「電子図書館実証実験」に札幌市内の出版社や雑誌社16社が参加し、地域コンテンツ約200冊を電子化、提供したのが始まりです。2013年、北海道内の出版社や雑誌社が主体となりHOPPA「一般社団法人北海道デジタル出版推進協会」を設立しました。

　2020年から2021年、館内でのおはなし会開催が難しいことから、図書館員（司書）による絵本の読み聞かせ動画を35作品配信しました。このうち、子どもたちから人気のある『おばけのマール』シリーズを含む15作品は、HOPPAから提供された絵本の画像を使用しています。のべにして約2万回視聴され、1作品当たり平均で500回ほど視聴されたそうです。

「文字・活字文化の日」記念講演会
コンテンツ・クリエーター藤原麻里菜さん講演配信

　「無駄とは何か―無駄なことを想像する力」と題した期間限定の動画配信では2400回を超える視聴がありました。藤原さんのSNSによる広報もあり、全国からの視聴があったそうです。矢萩さんは、「10〜20代に講演に来てもらうことは難しい。配信にしたことで若い世代にも見てもらえた」と話します。インターネットなので道外からでも視聴できるということです。今まで以上に講演開催の間口が広がったようにも考えられます。

リアル開催×オンライン動画配信

2021年「新聞に見る北海道アラカルト〜号外の歴史と道民が沸いた号外あれこれ」開催

　市内在住の東北・北海道歴史研究家の方から新聞の号外寄贈を受けたことをきっかけに、明治期からの新聞などの所蔵資料を加えた特別展を開催しました。さらに寄贈した方が号外について解説する動画を作り、館内視聴のほかYouTube配信を実施するというまさにリアルとオンライン

「新聞に見る北海道アラカルト」
（写真提供：札幌市中央図書館）

のハイブリッド企画です。つまり来館して見学する方、自宅などで解説をオンラインで視聴する方、いずれも楽しめる仕組みです。矢萩さんは、「両方行うことでサービスの選択肢と情報の深みが増した。個人的には、渾身の手作り『北海道の新聞年表』に図書館員の本領を見た思い！」と感動していました。

　1880年札幌で初めて発行された新聞である『札幌新聞』や、「有珠山噴火」「駒大苫小牧夏の甲子園優勝」を伝える号外など北海道に関係する大きなニュースは、特に高齢の方が夢中になって見学していたようです。

リアルイベント
「カルチャーナイト2022『図書館魔女からのすてきな魔法』」

　カルチャーナイトとは、2003年に札幌で始まった市民と企業と行政などがみんなで創る「まちの文化祭」です。具体的には毎年夏、札幌市全域の公共・文化施設、企業施設を1日だけ特別に夜間開放するほか、地域文化を楽しく学べる動画コンテンツを配信します。

　中央図書館では今まで本のおたのしみ袋やオンライン書庫ツアーなどを実施していました。2022年は内容を変え、図書館全体を会場にして「館内謎解きラリー」を開催しました。館内を巡ってキーワードを集めて魔女の部屋まで行くと、正解者には図書館オリジナルトートバッグがプレゼントされます。17時からのイベントに親子140組ほどが参加して、大盛況だったそうです。

　魔女の部屋、そこでは館長の矢萩さんが魔女に変身して参加者を待っています。とんがりハットをかぶって黒い衣装に紫色のマントをまとい、目だけ見せています。そして、「もっと本を好きになれる、すてきな魔法をかけます」という謎の言葉で魔法をかけます。

　「長く続くコロナ禍で利用者・職員の双方にリアルなイベントへの渇望感がありました。図書館としては児童書、一般書、郷土資料それぞれの担当が1つのイベントで協働することが少ないので良い経験でしたし、なにより私が楽しかったです」と、にこやかに話してくれました。

矢萩英美さんプロフィール
空知地方出身。札幌市広報、地域振興、職員研修などの所属を経て、2021年4月より札幌市中央図書館長に就任。

取材メモ　とても気さくにお話ししてくれる矢萩さんの魔女の姿は、図書館のHPの「どこか」に掲載しています。札幌の中央図書館の館長がこれまで魔女の衣装で登場したことがあったでしょうか？ユーモアたっぷりです。

チラシやポスター
からの情報

石狩市民図書館
吉岡律子さんに聴く

■石狩市プロフィール

　石狩市は、人口約 5 万8000人、札幌市の北に位置します。小樽市、増毛町と南北に隣接し、西側一帯は石狩湾に接しています。石狩市の平野部は砂地なので、明治期においては畑作や酪農が行われていました。1928年には本格的な水田耕作に成功し、市内の水田は増加していきます。高度成長期に入り、札幌市の人口激増から大規模団地が建設され、人口も増加しました。1996年、石狩町は「石狩市」となり市制が施行されます。そして2005年、石狩市・厚田村・浜益村が合併して、新「石狩市」が誕生しました。

　石狩市には、札幌圏の生産物流拠点である石狩湾新港地域があります。石狩湾の開発は1970年、北海道開発の大きなプロジェクトの一環として始まり、1973年、重要港湾の指定を受け、国直轄の港湾整備事業となりました。また市内では農業も盛んに行われており、米や小麦をはじめ、人参やブロッコリー、ミニトマトなどの野菜が豊富に収穫されています。

■石狩市民図書館プロフィール

　石狩市民図書館は、2000年に開館しました。蔵書は本館で約30万冊です。現在 3 つの分館と、市立厚田学園内の開放学校図書館「あいかぜとしょかん」があります。

　「図書館の中にまちをつくる」をコンセプトに、市民の力と情報が結集されている図書館です。2000年の開館まで、石狩市では私設文庫や公民館図書室のみだったので、図書館の開館は市民にとって念願でした。

　図書館建設にあたっては、コンセプトとして石狩市の要素を取り入れました。エントランスホールに入り、天井のデザインはどこか曲がりくねっています。これは石狩川を表現しているそうです。床には石狩川の雰囲気を出すために玉砂利が敷かれています。そして、閲覧室の床の色は冬の日本海を表した深い青色です。

市民の力

　喫茶コーナーでは石狩産の野菜などが販売されています。訪問すると、つい買い物したくなるコーナーです。また市内の菓子店「和洋菓子のなかむら」のそば饅頭は、作家・子母澤寛の生誕130年記念特別シールバージョンで2022年春、限定販売しました。石狩の小麦粉と厚田のそば粉を使用した白あんの美味しいお饅頭です。

　石狩市民図書館はたくさんのボランティアグループによる「市民」の力で支えられています。

　例えば修理ボランティアは年間数百冊もの本の修理をこなし、利用者の手に届くようにしてくれています。布の絵本ボランティアは、布の絵本やおもちゃを制作し、修繕なども細やかに対応してくれています。吉岡さんによると、育児休業中に赤ちゃんをおんぶして、布の絵本制作をしてくれている方もいるそうです。

　地域資料に関する選書では、海、川、鮭などはもちろん、最近の石狩市ではサイクリングが盛んだそうで、自転車関連の書籍なども選書に重点を置いているそうです。北石狩地域観光まちづくり協議会が発行しているガイドブック『石狩サイクルナビ』では初級、中級、上級レベル以外にも地域別など多種多様なコースを紹介しています。

　1999年から真夏の大型野外イベント「ライジングサン　ロックフェスティバル」が石狩湾新港で開催されています。そこに出演するアーティストのCDも所蔵するようにしているそうです。

チラシ、ポスター、パンフレットの所蔵

　吉岡さんから届くメールの署名に「石狩市の地域資料を集めています♪（ポスターやパンフレット等々）」と記載されており、気になって尋ねました。「パンフレット類は収集してはいるものの、なかなか整理と提供まで追い付いていないのですが、相当な数を保存しています」。石狩市民図書館でお宝資料を発見しました！

　自治体が制作したパンフレットやNPOやボランティアの広報、バスの時刻表、そして新聞の折込によるパチンコ店、スーパー、住宅などの営利のチラシも保存しています。まだデータベースにしていないようですが、分類ごとにファイリングされています。2000年開館の時から保存しており、パチンコ店とスーパーのチラシはあまりに多いので、箱に入れています。現在ポスターは550枚以上、

チラシやパンフレットのファイルがずらり！
（写真提供：石狩市民図書館）

チラシ、パンフレットは約1500枚保存しています。スーパーとパチンコ店を含めると、1万枚は超えてしまうのではないかとのことです。

　吉岡さんによれば、十数年前のバス時刻表についてレファレンスを受けた際、この資料が大活躍したそうです。当時のバス停の場所やルート、運行時刻を調べたいという内容でした。その時に、「ついにこの資料が役に立ったね！」と、スタッフで喜んだそうです。その他にも祭り、福祉、イベント、土地分譲など、「石狩市に関するもの」に限定して収集しています。例えば20年前の不動産のチラシなどは現在と見比べてみると、いろいろ発見があるかもしれません。

複製絵画の貸出し

　石狩市民図書館では、複製絵画の貸出しを行っています。貸出し期間は30日としています。

　美術関係の学生の利用、店舗での展示、教員が生徒に見せるなど活用はさまざまだそうです。現在約90点所蔵しています。企業からの寄贈などもあるそうです。「いわさきちひろ、平山郁夫、キース・ヘリング、ラッセン、クリムト、ゴッホ、モネ、ルノワールなど、幅広い作品があります。まだ館内だけでしかリストを公開していないのですが、いずれはHPでも公開し、貸出しの促進につなげたいです。市内の小学生が図書館見学で来館すると、必ず絵画も紹介しています。大人よりも子どもたちの方が絵画貸出しサービスを知っているかもしれません」と、吉岡さんは解説してくれました。

社会教育課との連携

　これまで市の公民館として活用していた旧中学校校舎の老朽化により、2022年7月、社会教育課が市民図書館の事務室内に移転しました。これにより、「これからは社会教育課との連携を深め、より市民サービスを充実させていけたらと考えています。とても楽しみです」。期待が膨らみます。

吉岡律子さんプロフィール
札幌市出身。2012年より石狩市民図書館に勤務。

取材メモ　筆者は吉岡さんに石狩川のレファレンスを依頼したことがあり、図書館から車で10分ほどの「川の博物館」へ同行してもらいました。吉岡さんも初めての訪問だったので、改めて石狩川の歴史と土木工事の難しさを知り、展示内容に驚いていました。水門の開閉は日々の暮らしにも直結していることを痛感。「石狩川についてじっくり学ぶには1度の訪問では時間が足りない！」と早くも、次回訪問の機会を考えあぐねる吉岡さん。石狩川は放水路を建設するまで日本一長い川でした。

札幌市中央図書館／札幌市 (さっぽろし)　　　　　　　　＊3冊紹介してもらいました。

旅人類　北海道の旅情報　vol.08（2022March）　札幌・石狩あたり

吉田類編／共同文化社／2022年

内容／酒場詩人の吉田類さんが、この地に暮らす私たちも気が付いていない魅力を再発見。vol.08は、札幌・石狩エリアを旅し、札幌の食と酒、すすきの・狸小路の変遷、石狩・当別・江別の札幌近郊ぶらり旅、吉田初三郎が描いた札幌・千歳の鳥瞰図などを紹介。8年間に及ぶ『旅人類』プロジェクト完結号。

推薦理由／類さん本人がその地を訪れ、丁寧に取材して体験・歓談した内容がメイン。独特の視点からのエッセイや対談が面白く、普通の旅行雑誌とは一線を画した内容となっています。地元人にとっても地域の魅力を再発見できる1冊で、本書を片手に、知っているようで知らなかった札幌・石狩エリアに出かけたくなります。

古地図と歩く　札幌圏　月刊O.tone別冊

和田哲編著／あるた出版／2020年

内容／札幌と周辺の街の古地図を現在の地図と比較。実際にその場所を訪ねながら、街の歴史とその移り変わりを紐解く1冊。情報誌O.toneに連載された105回の中から厳選された63回分を掲載。ブラサトルこと和田哲さんの着目した小さなテーマに沿って、各エリアが見開き1ページでまとまっています。

推薦理由／札幌は明治に開拓使が置かれてから急速に発展した比較的若い街ですが、この本を読むと街は移り変わっていると改めて感じます。古地図や古い写真、実際の街歩きから、街の歴史を紐解く流れはちょっとした謎解きのよう。川・曲がった道・謎の地名…街を見る目が変わり、札幌のことをもっと知りたくなります。

古地図と歩く
札幌圏
書影提供
あるた出版

カムイ　神々の鼓動

太田達也著／山と渓谷社／2015年

内容／写真家・太田達也氏による写真集。北海道の雄大な自然の中で生きているヒグマ、シマフクロウ、サケなどの動物の日常生活では目にすることのできない一瞬一瞬の表情、動きを写し取った作品です。

推薦理由／表紙のシマフクロウがとにかくイケメン！！！北海道を代表する生き物たちが自然の中で懸命に生きている姿を、自分自身も森の中に入って目の前で見ているかのように感じられます。厳しい環境下でたくましく生きる野生動物たちの表情は見ていて圧巻です。

札幌市新琴似図書館／札幌市（さっぽろし）

北区制50周年記念エリアガイド　Feeling like a SMALL TRIP
札幌市北区役所市民部総務企画課広聴係著・発行／2022年

内容／札幌市北区の区制50周年を記念し、北区役所が作成したエリアガイド。歴史や豊かな自然、賑わいをみせる商店街や公園、伝統芸能やアートなど、北区の魅力を50のキーワードで紹介します。北区民には新しい北区との出会いが、他区の市民や道内外の人たちには初めての北区との出会いがあり、読めば北区に訪れたくなります。
推薦理由／「新琴似図書館がある札幌市北区ってどんなところ？」と聞かれた時に紹介したい1冊。写真も充実していて見ているだけで楽しくなります。「北区といえば」の誰もが知っていることから地元民でも知らないようなディープなことまで、北区の「昔」と「今」そして「これから」がわかる、北区の魅力がぎゅっとつまった本です。

札幌市元町図書館／札幌市（さっぽろし）

イサム・ノグチとモエレ沼公園　建設ドキュメント1988
川村純一、斉藤浩二共著／学芸出版社／2013年

内容／多くの市民や観光客の憩いの場となっているモエレ沼公園。世界的彫刻家のイサム・ノグチ氏が設計を手がけましたが、着工前に他界します。しかし計画は頓挫することなくその精神は引き継がれ、17年という歳月を経て完成しました。この本は幾多の困難を乗り越えて、市民に愛される公園をつくった舞台裏を綴ったドキュメントです。
推薦理由／モエレ沼公園は東区のシンボル的な公園です。1年を通してさまざまな表情をみせてくれ、多くの人々でにぎわっていますが、建設の舞台裏やイサム・ノグチ氏の人柄、設計に込められた精神まで知る人は少ないと思います。純粋に公園を楽しむだけでも十分なのですが、建設の背景を知るとより愛着がわくと思います。

札幌市東札幌図書館／札幌市（さっぽろし）

地図の中の札幌　街の歴史を読み解く
堀淳一著／亜璃西社／2012年

内容／381頁とボリュームがあり、古地図もふんだんに使われているので視覚的にも楽しめますし、地図を眺めながらまちづくりの歴史を知ることができます。装丁も凝っていてカバー全面にプリントされた地図で本を包むような形になっており、広げて札幌全体の様子を感じることもできます。
推薦理由／札幌市全体と東札幌図書館周辺のことも書かれている本です。旧千歳線の東札幌駅は昭和61年に廃止されましたが、今は札幌コンベンションセンターやショッピングモールなどが建っています。

地図の中の札幌
街の歴史を読み解く

札幌市西岡図書館／札幌市 (さっぽろし)

ちらり見つけたうらっぽろ　さっぽろ街図鑑2012
札幌市教育委員会中央図書館著・発行／2012年

内容／「もうひとつの札幌」をテーマにして市民から寄せられた写真を、公募で集まった中高生たちが選定。それをもとにして中高生たちが写真に撮られた場所へ実際に行き、追加の取材や撮影を行い、原稿を作成。札幌の出版社などの協力を得て、それらを1冊の本として完成させたもの。

推薦理由／地元の中高生たちが自らの住む街について実際に調査し、本にしました。札幌軟石や屯田兵といった歴史を学んだりして、いつも見ている景色から「もうひとつの」着眼点で、新しい発見や知識を得るという貴重な体験をした資料です。

札幌市澄川図書館／札幌市 (さっぽろし)

宇都宮仙太郎
黒沢酉蔵著／酪農学園出版部発行／1958年

内容／今から140年程前、二十歳の青年が酪農への志を胸に郷里大分から単身来道、エドウィン・ダン開設の真駒内牧場牧夫に始まり、後に「北海道酪農の父」と呼ばれるまでになった宇都宮仙太郎の生涯を描く。

推薦理由／私たちには身近な北海道ブランドの酪農製品ですが、今日の産業発展には多大な貢献をした先人の取り組みがあったことを、この本を通じて知って欲しいです。北海道酪農の歴史を知ることができる貴重な資料です。

札幌市図書・情報館／札幌市 (さっぽろし)

Roadside Lights Seasons：Winter
大橋英児著／Case Publishing発行／2020年

内容／道内出身の写真家・大橋英児氏による写真集。"自販機のある風景"をテーマに、冬景色の中に孤独に輝く自動販売機を写し取った作品。

推薦理由／冬の過酷な環境下にぽつんと自動販売機が佇む風景には、自然と人工物の対比からなる孤独感や愛らしさがユニークに表現されています。人間は1人も写っていないのにどこか人間臭さがあり、他の北海道の風景写真とは違った雪国の美しさが感じられます。

札幌市えほん図書館／札幌市 (さっぽろし)

「おばけのマール」シリーズ　11作（2005年1作目発行）
けーたろう・文／なかいれい・絵／中西出版

内容／「まるやま」の頂上に住むおばけの「マール」がさまざまな札幌の名所に出かけ、お友達や大切なことを見つける物語。

推薦理由／札幌の名所などが題材のため、実際に足を運ぶこともできます。街並みの絵から親子で知っている風景を探したり、ササラ電車など雪国の風物詩について話すきっかけにもなります。また、地元団体との協力イベントも多く、絵本の枠を超えて物語の世界を楽しめます。マールがとぼけた可愛らしいおばけなので、小さなお子様にも親しみやすいです。

江別市情報図書館／江別市 （えべつし） * 2冊紹介してもらいました。

史跡が語る江別の歩み（江別ガイドブックシリーズ１）
江別市教育委員会編・発行／2001年

内容／江別市の歩んできた歴史を市内にある史跡とともに紹介しているもので、江別ガイドブックシリーズの記念すべき第１号です。

推薦理由／地元江別の歴史を史跡とともに知ることができる資料です。普段は見逃してしまうような史跡も、その歴史を知ることで、自分の住んでいるまちを再発見できる最良のガイドブックです。

＊本書は2012年に改訂版が発行されています。

江別のれんがを歩く（江別ガイドブックシリーズ４）
江別市教育委員会編・発行／2008年

内容／「れんがのまち江別」にあるれんがを用いた建築物やオブジェなどをまとめて紹介する図書です。市内に存在している建物や遺構などについて写真入りで詳細に紹介しています。

推薦理由／江別市はれんがのまちとして栄えてきた歴史もあり、江別のれんがは北海道遺産にも選定されています。

江別のれんがを歩く
書影提供
江別市情報図書館

千歳市立図書館／千歳市 （ちとせし）

言霊居酒屋
須崎隆志著／中西出版／2011年

内容／焼き鳥屋の主人が炭火（串焼き器）の向こう側、くせのあるお客さんとの日常を綴った３篇の小説。ミステリーな「見殺し女房」、女性のエピソードが痛快な「ニスイの女」、表題作の「言霊居酒屋」は言葉の魔力について語らいます。

推薦理由／著者の須崎さんは、夜は焼き鳥屋を営み日中は当館で調べ物をしたり小説を書いたりしていました。当館にゆかりのある小説家が千歳を舞台に描いた作品で、焼き鳥屋でのリアルな人間模様が楽しめます。

言霊居酒屋

恵庭市立図書館／恵庭市 (えにわし)

恵庭人 恵庭の歴史を刻んだ人々
恵庭昭和史研究会編・発行／2010年

内容／1997年に発行された『百年100話 恵庭の風になった人々』では昭和の時代に生きた恵庭の人たちから語り継がれた逸話や当時の生活が語られていますが、その続編として市制40周年記念事業としてつくられたのがこの本です。恵庭の発展に寄与した「人」をクローズアップして、50話収録しています。

推薦理由／恵庭の礎を築いてきた人々が日本中から紹介されています。恵庭市は、2020年に市制50周年を迎えています。この本を通じ、開拓で入ってきた人や恵庭のまちの発展に寄与した人を知ることでこの街の歴史を知り、加えてその人たちの生い立ちや経験から日本中の別の地域との関わりが見えてきます。

石狩市民図書館／石狩市 (いしかりし)

鮭の鱗　田岡克介さんの鮭話彼是（石狩叢書2）
田岡克介著／石狩叢書発刊編集委員会編／石狩市発行／2022年

内容／石狩叢書は2021年9月に発行した第1巻を皮切りに、石狩の多彩な文化を継承していくことを目的としたシリーズです。石狩について知ろうとした時、「手に取って見たくなる」という切り口で刊行します。第2巻は前石狩市長の田岡克介氏による鮭をテーマとした石狩と鮭の関わりについて、多様な観点で読みやすく構成されています。

推薦理由／昔石狩で鮭が大量に獲れたことから今では全国的にも有名な石狩鍋や、幕府への献上品としても活用されていた寒塩引（かんしおびき）などの他、今ではサケ太郎、サケ子といった鮭をモチーフにしたご当地キャラクターも生まれています。そんな石狩の文化において欠かすことのできない鮭をテーマとした本書は、石狩の文化継承という目的からしてもぴったりです。

当別町図書館／当別町 (とうべつちょう)

当別歴史ガイド－ふるさとのあゆみを未来につなぐ－
当別歴史ボランティアの会編・発行／2015年

内容／当別町の歴史について書かれています。

推薦理由／利用者からとても人気がある本です。

新篠津村自治センター図書室／新篠津村 (しんしのつむら)

新篠津村勢要覧
新篠津村編・発行／2017年

内容／村の「自然」「環境」「時間・暮らし」「ひと、びと」「農産物、特産品」5つの観点から、新篠津村の魅力を伝えています。

推薦理由／写真を多く取り入れて新篠津についてわかりやすく説明されています。

幸せのおすそ分け

恵庭市は、全国でも珍しい読書条例を持つまちです。いち早くブックスタートを始め、すべての小中学校に専任の学校司書を配置し、読書環境を整えています。

いつでも、誰でも、どこでも読書ができる「読書のまち恵庭」。それは、素敵な図書館ボランティアさんの力によるものなのです。

夜の図書館に泊まってみたいね、から始まった「図書館開館24時」。小学生から高校生の子どもたちとボランティアで組織した実行委員会が主催する「図書館まつり」。本は読まないけど、みんなの本の話を聞くのが好きな「黄色いエプロンの会」の方。毎週本を整理して開催される「本のリサイクル市」。赤ちゃんに会いたくて、とブックスタートのお手伝いをしてくれる「恵庭ゆりかご会」。定年後に社会に貢献したいと「男声読み聞かせ隊 with Ms.」。学校図書館にお茶しに来ているようなものなのと「本の修理ボランティア」のお母さん。「猫に読み聞かせしていたけどつまらなくて。やっぱり読み聞かせは人にするのが良いわ」と、読み聞かせが大好きなボランティアの方も。どの方も仲間と和気あいあい、したいことをして生きがいを感じていらっしゃいます。私たち図書館員は少しだけそのお手伝いをして、日々幸せのおすそ分けをいただいているのです。

おすそ分けといえば、あるご婦人の話を思い出します。「80歳になる夫が、道端で体調不良になり、茶髪の見知らぬ高校生に送られてきました。お礼をいうと、その子は『小学生の頃、読み聞かせボランティアに来てくれていた人だったので覚えていました』と。毎朝のボランティアは大変なことと思っていたけれど、お陰様で家まで無事に送ってもらえました。優しさを返してもらったようで嬉しいことです」。

（恵庭市教育委員会 黒氏優子）

地域とコラボした小学校の学習レポート！

本が好き・人が好き・まちが好き。わくわく、ドキドキがたくさんある学校図書館。夢の宝庫。江別＆恵庭の小学校の実践より。本好きへのヒントを！

レンガのまち江別。社会科や総合的な学習の時間では、実際にレンガ工場を見学し、レンガが高温で焼かれる様子を体感。そこで興味を持ったことを調べ、わかったことや思いを学校新聞にまとめます。「やきもの市に行って、レンガドミノを見たよ」「江別市のレンガは、色が赤く、寒さに強いんだ」「全国の３分の１以上のレンガを作っててすごいね」と調べることを通して、自分のまちに誇りを持ち、ふるさとが好きになっています。

さらに６年生では、「江別のよさをリーフレットで発信！」という取り組みに挑戦。本や複数の資料、タブレットなど情報を整理、統合し、自分の言葉で工夫してまとめます。修学旅行先の地域（小樽市）で観光客に配布、発信、交流もして好評でした。

作ったリーフレットを学校図書館に保管し、次の学年にもつなげています。

読書のまち恵庭。全小中学校に学校司書がいます。社会科や総合的な学習の時間では、恵庭のまちのよさを調べ、「わたしのえにわ新聞」にまとめ、交流会で発信しています。テーマは、特産であるえびすかぼちゃのひみつ、花のまち恵庭の魅力、本のまち恵庭のよさについてです。また、「本のショーウインドー」と題して、自分のおすすめ本の紹介を恵庭市立図書館に展示するなど、連携も盛んです。調べる学習コンクールでは、市立図書館が調べ方の学習サポートも行っています。学校と市立図書館がまちの読書環境を支えています。

地域の素材をいかし、自分の生活体験とからめ、クリティカルに読み取る力も高まります。本と生涯にわたって向き合う素地ができます。地域と連携し、未来につながる学校図書館です。

（恵庭市立和光小学校　井上陽子）

後
しりべし
志

積丹町

神恵内村　古平町

余市町

小樽市

泊村

仁木町

赤井川村

共和町

岩内町

倶知安町

京極町

蘭越町

寿都町

ニセコ町　真狩村　喜茂別町

留寿都村

島牧村　黒松内町

小樽図書館とコラボ しませんか？

市立小樽図書館
鈴木浩一さんに聴く

■ 小樽市プロフィール

小樽市は人口約11万人、札幌市の北西、日本海に接し、東西約36km、海と山に挟まれた坂の多い町です。古くからニシン漁で栄え、戦前は有数の貿易港として繁栄し、現在は運河をはじめとする歴史的建造物や、海産物やガラス工芸等観光資源を生かして、年間800万人が訪れる観光都市として知られています。

■ 市立小樽図書館プロフィール

明治後期、まちの発展のために図書館設置を要望する声が高まり、1916年に北海道の公立図書館としては2番目に創立しました。蔵書は約30万冊。1895年（明治28年）5月以降の『小樽新聞』を保存しています。2016年から運営方法方針を大きく変え、それまでの来館・貸出し中心のサービスから、「連携」をキーワードに、全国の図書館や団体・機関等とのコラボ企画を推進し、市民参加型図書館を目指しています。

取り組んでいるイベントはアイデア満載！

市長も読み聞かせ

2017年から年に1度、市内の学校、幼稚園、保育所、ボランティア等子どもの読書に関わる人たちが集い、子どもたちとともに楽しむ日として、「としょかん発おたる子どもの読書の日」が始まりました。

そして、2019年にはまち全体で子どもの読書活動を進めるシンボルとして、市長による読み聞かせが図書館からの依頼で始まりました。

鈴木さんは、「毎年、自ら書店に足を運び、絵本を選んで、子どもたちに読み聞かせをしている市長は全国でも珍しいのではないでしょうか」と語ります。

持ち寄り合うおたる図書館の図鑑

図書館のカウンターでは、例えばまちの歴史を研究したり、さまざまなコレクションを有している方とお話をすることがあり、その知識や深い話に驚くことがよくあるそうです。鈴木さんは、その魅力的な話から、研究の成果やコレクションを市民に紹介する場、生涯学習の発表の場として図書館での展示企画を考えるようになりました。その時ヒントになったのが『小学館の図鑑』です。「恐竜」や「昆虫」等のテーマ別図鑑のように、さまざまなテーマで展示ができると思いついたそうです。展示コーナーは図鑑の「表紙」から始まり、最後に「奥付」もつけるこだわりです。

第1巻「大相撲」では、中学生の頃から大相撲が好きで、戦前から特に道産子力士の古書を集めて研究している方の貴重な本や雑誌100冊を、図書館で展示しました。資料の解説も書いてパネルにしました。相撲好きにはたまらないでしょう。

第2巻は、昭和初期、小樽沿岸部オタモイの海岸の断崖絶壁に建てられた高級料亭を中心とした児童遊園、演芸場による巨大リゾート施設「オタモイ遊園地」です。最近メディアでもよく取り上げられています。1952年の大火により、わずか17年で閉園状態となり解体されたため、その全容は解き明かされていないそうです。この謎に満ちたオタモイ遊園地を研究されている方と協力し、絵葉書や写真、研究資料等の展示とミニ講演会を開催しました。

市民と一緒に全域サービスを！「おたるまちなか図書館」

小樽には図書館が1館しかありません。札幌に近い銭函や、反対側にある塩谷からでは、図書館まで車で約30分かかります。子どもや高齢者が日常的に利用するのには不便です。そこで、もっと気軽に読書を楽しんでもらうために、市民と協力して、身近なところに本を利用できる機会を作れないかと始めたのが「まちなか図書館」です。市民から寄贈される年間3000冊の本を、

第2巻「オタモイ遊園地」展でのゲート
（写真提供：市立小樽図書館）

図書館の蔵書にせず、参加者を募って市内のいろいろな場所に置いて、自由に利用してもらう仕組みです。2022年春現在、町内会館、宿泊施設、高齢者交流施設、商店のショールーム、小中学校等13の「まちなか図書館」があります。ルールは2つ、①「まちなか図書館」という看板を掲げること ②本の利用は無料であることです。図書館の蔵書ではないので、本の管理は不要で気軽に、「例えば飲食店でお酒を片手に本を読む等、まちじゅうに「まちなか図書館」ができるのを夢見ています」と鈴木さんは期待しています。

小樽のクリエイターを応援─高校生もオスカー俳優も！

2021年、市内の高校生が「高校生ものづくりコンテスト北海道大会」で優勝した際、すぐ高校に訪問して取材、コンテストの練習で作った作品やインタビューパネルを展示して、「力を出し切ってこぉーい!!」と全国大会へのエールコーナーを設置しました。

日本人で唯一、アカデミー助演女優賞を受賞している俳優、ナンシー梅木をご存知でしょうか？ナンシー梅木は小樽出身、1948年にプロ歌手を目指して上京し、その歌唱力で『スイングジャーナル』誌の人気投票ボーカル部門で、3年連続第1位を獲得。映画やコンサートでも活躍します。そして1955年渡米し、クラブで歌うかたわら、1957年映画『サヨナラ』に出演し、翌58年オスカーを手にしました。さらにブロードウェイミュージカルやTVドラマでも活躍し、アメリカでは著名な俳優でありシンガーです。しかし、日本や小樽では意外と知られていません。鈴木さんは地元にナンシー梅木をもっと知ってほしいと考え、市民からの提案を受け、道立図書館や東京の大宅壮一文庫などから資料を取り寄せ、クリエイターシリーズの展示として開催しました。この展示は話題となり、終了後も、道内外から問い合わせがあり、なかには小樽に来られる方もいて、市民による「ナンシー梅木の会」が誕生したそうです。

鈴木浩一さんプロフィール
空知地方出身。北海道立図書館を経て2016年より市立小樽図書館長就任。

取材メモ　アイデア豊富、とことんこだわる鈴木さん。個人、行政、民間誰とでも「ピン！」と感じたらコラボする柔軟なスタイルにはいつも驚きます。つねに小樽図書館はユーモアのある企画が目白押し。スタッフが制作したYouTube配信はヤフーニュースに取り上げられました。
ビートルズのアルバム『アビイ・ロード』の表紙を真似して、図書館近くの横断歩道を鈴木さんとスタッフで歩く写真を撮り、催しのチラシに使うなど、鈴木さんの企画とユーモアは尽きません。

ラベンダー
ご自由にどうぞ！

蘭越町花一会図書館
小林勝司さんに聴く

■蘭越町プロフィール

　蘭越町は人口約4500人、「らんこし米」で有名な米作が主幹産業の町です。後志地方の南西に位置し、周囲をニセコ連峰等の山岳に囲まれた盆地です。蘭越町には「花のまち」として町を花いっぱいにする大きな取り組みがあります。「花いっぱい運動」は公共花壇への花苗の提供、植込み作業などの活動をしています。町地域活動推進協議会では花壇づくりをしている町民に対して、コンセントのように簡単に土に挿して植えられるプラグ苗を1本1円で提供しています。

■蘭越町花一会（はないちえ）図書館プロフィール

　2007年、町民コミュニティ施設「蘭越町コミュニティプラザ花一会」に図書室を移転して、図書館活動等を行う生涯学習施設として開館。読書活動ボランティアや住民の一部からの公立図書館にして欲しいという要望で、町議会での議論を経て2019年公立図書館となりました。蔵書は約5万冊。返却は町営温泉幽泉閣（ゆうせんかく）含め公共施設で可能です。

　蘭越駅から徒歩2分。列車を待っている間に図書館を利用できるのですが、残念ながら北海道新幹線開業に伴い蘭越駅は廃止予定です。

赤ちゃんから中学生までパッケージによる児童サービス

　蘭越町は行政区域が広く、公共交通事情も厳しく、子育て世代や小中学生、高齢者などの多くは来館が容易ではありません。そこで子どもや高齢者が身近な場

2019年より「ちっちゃいほんだな」開始
（写真提供：蘭越町花一会図書館）

所で図書資料を利用しやすいように「外に飛び出す図書館活動」をスローガンとして、主に学校図書館支援サービスを徹底しています。

ブックスタート事業：3〜4か月乳幼児健診（すくすく健診）会場に図書館スタッフが出向き、絵本選びや読み聞かせ方法をアドバイスしながら絵本2冊をプレゼントしています。0歳から利用カードを登録することができるそうです。

ぴよぴよおはなし会：毎月1回、2歳までの乳幼児と保護者を対象に絵本の読み聞かせ、エプロンシアター、わらべ歌などによるおはなし会を実施しています。

ブックセカンド事業：町内在住の幼児の3歳の誕生日前にダイレクトメールで案内し、幼児と保護者一緒に来館してもらい、司書が読み聞かせや絵本選びのアドバイスをしながら、絵本を1冊プレゼントしています。

ちっちゃいほんだな事業：町内の保育所・幼稚園の園児たちが毎月図書館を訪れ、ブックトークや絵本の読み聞かせを楽しんだ後、園児一人ひとり自ら絵本を選び、保育所や幼稚園に持ち帰って施設内文庫（ちっちゃいほんだな）にしています。貸出しを促進し、週末にはこの文庫から自宅に持ち帰ることもできるようにしています。これは本を自宅で楽しむ家庭を増やす狙いがあるそうです。

みんなの本だな事業：町内の小学校（2校）の全学年の国語科の授業で年2回、図書館スタッフ、読書ボランティアによる読み聞かせやブックトークを行い、図書館から持ち込んだ図書の中から児童自身が選書した本で、学級文庫（みんなの本だな）を作ります。

中学校でも年に2回、生徒自ら選書した本で学級文庫を作ります。具体的には6月、学校の玄関ホールに展示した本から一人2冊を選んで学級文庫を設置。10月に小学校の「みんなの本だな」、中学校版「ひろがる本だな」事業を、学校で学年毎に行います。

①町では図書館スタッフが教師、児童・生徒の学校図書館活用をサポートしている。

②図書資料の選定や蔵書管理を専門家である図書館スタッフが行っている。

③授業での学校図書館利用を促すために、教師向けに『学校図書館巡回ニュー

ス』を発行している。図書館公式HPでも閲覧できる。

④不足しがちな学校図書資料を補うと同時に、学校図書館サービスも町立図書
館が担っている。

この４つのポイントは重要です。

外に飛び出す図書館活動

児童サービス以外においても図書館スタッフは積極的に外に出ています。高齢
者サービスとして、昆布温泉病院の長期療養棟、高齢者生活福祉センターへの毎
月２回の移動図書館を実施しています。また、地域包括支援センターと連携し、
在宅独居高齢者に対し訪問サービス専門員が安否確認時に図書を持参して貸出し、
同時に返本を回収する活動も行っています。

『花一会図書館便り』（郷土探索への道　黒沢温泉編）

隔月で発行している『花一会図書館
便り』を小林さんより「是非読んで！」
と勧められ『郷土探索への道　黒沢温
泉編』を拝読しました。黒沢温泉とい
う存在、黒沢龍雄という人物とは？北
海道立文学館の苫名直子氏はなぜこの
人物を調査していたのか？2021年９月
１日（８・９月号）から連載されたこ
の調査は、2022年11月１日（10・11月
号）まで１年がかりの連載でした。図
書館公式HPに調査内容が詳細に綴ら
れています。ぐいぐい引き込まれました。

「入り口にラベンダー置いています。ご自由にどうぞ！」
蘭越町花一会図書館公式インスタグラム（2022年7月10日）より

小林勝司さんプロフィール
後志地方出身。蘭越町教育委員会教育次長を経て2018年より花一会図書館勤務（2020年館長、2021年
副館長就任）

**取材
メモ**　ようやく訪問できた図書館の１つです。
「図書館は来館しなければ利用できないものではない。そして待っていて
も来館してもらえないなら図書館が出かけていけばいい」という小林さ
んの言葉にはとても力が入っています。人口の多い図書館でも同じでは
ないだろうか？と、ラベンダーの香りを嗅ぎながら感じました。

市立小樽図書館／小樽市 (おたるし) ＊3冊紹介してもらいました。

ラヴレター
岩井俊二著／角川文庫／1998年

内容／1995年に公開された映画『Love Letter』小説版。婚約者を雪山の遭難で亡くした渡辺博子は3回忌に、彼が昔住んでいたという小樽の住所にあてのない手紙を出します。「拝啓　お元気ですか。私は元気です」。ところが、いまは国道となっているはずの住所から返事が届き、奇妙な文通が始まります。

推薦理由／映画は、雪の小樽を舞台に、旧日本郵船小樽支店などの歴史的建造物や船見坂、天狗山、ガラス工房等、ノスタルジックに描かれており、公開されると映画はヒットし、国内の数々の映画関係の賞を受賞します。さらに韓国で大ヒットし、たくさんの韓国からの観光客が聖地巡礼に訪れています。まさに、小樽の魅力が伝わってくる作品です。

＊単行本は1995年角川書店より発行されました。

地域に生きる 小樽運河と共に
峰山冨美著／北海道新聞社出版局／1995年

内容／1976年、かつての役割が失われた運河を全面埋め立て、道路を整備することが決まります。しかし、市民の間から、運河や周辺の街並みを守ろうと20人ほどの「小樽運河を守る会」が結成されます。会長となった一人の主婦が日本の歴史的景観保存運動のさきがけといわれた10年に及ぶ運動を振り返ります。

推薦理由／国内外から年間800万人の観光客が訪れる小樽、その観光の中心となっているのが小樽運河です。小樽運河には、かつて埋め立てと保存を巡り、大きな論争があり、一部埋め立て一部保存となったのです。小樽のまちは、市民が創り、守ってきたことがわかり、小樽運河を訪れる前にぜひ読んでいただきたい本です。

月刊「小樽學」
歴史文化研究所発行／2009年創刊

内容／歴史・観光・ものづくり等、学芸員等の研究者や商店主等のさまざまな人が執筆し、小樽の過去・現在・未来を紐解く雑誌です。創刊号では毛無山の語源やニシンのレシピや栄養、ニシン漁の考察、最近の号でもバター飴の缶を製造していた工場の歴史や、東京の小樽マニアからの投稿等がみられます。

推薦理由／誌名のとおり、タウン誌とは違い、歴史、建物、人とさまざまなジャンルと、角度から、小樽の魅力をアプローチしています。写真も豊富で、この雑誌を手にとると、あなたも小樽に来て、街歩きをしたくなります。

島牧村若者総合スポーツセンター内図書室／島牧村 (しままきむら)

広報しままき
企画課企画情報係編／島牧村発行／1958年創刊

内容／島牧村の出来事や情報を掲載している村の広報誌です。

推薦理由／毎月発行され、島牧村のイベントなど、村のことがわかります。

寿都町総合文化センターウィズコム図書室／寿都町 （すっつちょう）

広報寿都
寿都町企画課発行／1957年創刊

内容／町行政の動きや町内イベント・くらし情報などをまとめて毎月町内の各世帯に全戸配布しています。

推薦理由／長年町民に親しまれ、2022年9月1日現在で734号発行されています。本誌の作成やチラシの折り込み、各戸への配布まですべて町内会と町職員で行っています。

黒松内町ふれあいの森情報館（マナヴェール図書コーナー）／黒松内町 （くろまつないちょう）

ブナの森からトトトントン
こがめいづると仲間たち・文／こがめいづる・絵／ぶなの里エコ・グリーン基金発行／2001年

内容／ブナの森を舞台に、春夏秋冬のブナの森にいる動物の姿を通して、ブナや自然を大切にしていこうということが描かれている1冊。作者のかわいい絵と文に心が癒されます。

推薦理由／黒松内町で制作した初めての絵本で、当時町内にいた人たちが集まって作った作品です。この絵本を見れば黒松内町にはどのような植物があって、どのような動物が生息しているのかわかります。

蘭越町花一会図書館／蘭越町 （らんこしちょう）

郷土探索（第1号～第27号）
蘭越町郷土研究会編・発行／1976～2006年

内容／開拓の鍬が入れられてから2000年前後までの蘭越町の歴史を、時系列ではなく蘭越町内各地域の古老からの聞き取り、古文書の解読、町内各地域の沿革、伝承、災害の記録などトピックごとに記録したもの。

推薦理由／郷土の伝承や史実を後世に残そうと蘭越町郷土研究会が埋もれていた資料を掘り起こし、薄れかけた記憶を聞き取りつなぎながら、1973年の発足以来40年にわたって記録し続けた力作です。郷土史として町史と双璧をなします。

ニセコ町学習交流センターあそぶっく／ニセコ町 （にせこちょう）

姉妹（北海道文学全集 第17巻）
畔柳二美著／立風書房／1981年

内容／1912年に北海道千歳市に生まれた作家・畔柳二美の自伝的作品です。畔柳が幼少期を過ごした北海道の山の発電所を舞台に、生き生きとした自然の描写とユーモアに富んだ文章が魅力的です。

推薦理由／この作品の舞台となる山の発電所は、作者が幼少期に過ごした現在のニセコ町の王子製紙尻別第一発電所がモデルとなっていると考えられています。この発電所は現在も発電所としては現役です。小説を通して、当時のニセコ町（当時は狩太村）の自然や歴史を垣間見ることのできる1冊です。

＊北海道文学全集第17巻「女流の開顕」に『姉妹』が入っています。

真狩村公民館図書室／真狩村 （まっかりむら）

名犬ポチ物語　吹雪にきえた郵便屋さん
綾野まさる著／日高康志画／ハート出版／1997年

内容／日本の郵便制度がまだ根付いていないこ
ろ、北海道の真狩村で起きた悲劇。猛吹雪の中、
一通の至急電報を携え山奥に届け、猛吹雪で遭
難した郵便局長と愛犬ポチの感動的なお話です。

推薦理由／真狩別郵便局の村上政太郎局長が猛
吹雪の中、電報配達に出掛け、殉職するという
痛ましい事故が起きました。雪中に倒れた彼を
体温で温めながら、その最期を看取ったのは彼
の愛犬「ポチ」。当時新聞では「忠犬」として
大きく報道され、多くの人々の感動と涙を誘い
ました。

＊2002年、『郵便犬ポチの一生 吹雪にきえた郵便屋
　さん』（増補改訂版）が発行されています。

名犬ポチ物語
吹雪にきえた
郵便屋さん

留寿都村公民館図書室／留寿都村 （るすつむら）

広報るすつ
留寿都村企画観光課広報広聴係編／留寿都村発行／1068年創刊

内容／留寿都村の行政、事業やイベント情報など、留寿都村のさまざまなことを知るこ
とができる刊行物です。

推薦理由／留寿都村のことをたくさんの人に知ってもらいたいです。

喜茂別町図書室／喜茂別町 （きもべつちょう）

史跡ガイドブック　きもべつの歴史を歩く
きもべつ歴史プロジェクトの会執筆／喜茂別町教育委員会編・発行／2019年

内容／喜茂別町教育委員会と町内歴史研究サークルきもべつ歴史プロジェクトの会の共
同制作によるまちの歴史ガイドブックです。史跡や遺構など町内26か所を紹介してい
ます。喜茂別町100年の歴史が1冊に詰まった作品となります。

推薦理由／喜茂別町において、教育行政と民間団体が協働し、まちの歴史についてのガ
イドブックを制作したものであり、発刊後町内外から好評をいただいています。まちを
散策する1つのツールとして活用していただけるものとなっています。

京極町生涯学習センター湧学館／京極町 （きょうごくちょう）

君がくれた宝物
香村陽子原作・漫画／京極町発行／2015年

内容／京極町の観光PR冊子として、京極町出身の漫画家・香村陽子さんが書き下ろした漫画です。東京から来た女の子が偶然出会った男の子と京極町の観光スポットを巡るストーリーの中で、夏の美しさから冬の厳しさまで、京極の魅力を余すところなく紹介します。
推薦理由／少女漫画の可愛らしい絵柄で描かれたわずか16ページの冊子ですが、京極町で訪れてほしいところが詰まっています。漫画を読んで、このストーリーのとおりに「聖地巡礼」をしてもらえたらと思います。

倶知安町公民館図書室／倶知安町 （くっちゃんちょう）

後方羊蹄山登攀記
早川禎治著／北の野帳社／1996年

内容／羊蹄山にある22本の浸食谷の全部を登下降した早川さんが書いた本です。浸食谷（沢）１本１本について名前の根拠や自身の登攀（とうはん）のことを書いたエッセイです。
推薦理由／この図書室からもよく見える羊蹄山。この羊蹄山の沢について書かれたものはこの本以外にありません。羊蹄山をさらに知りたい方向きだと思いました。

共和町生涯学習センター図書室／共和町 （きょうわちょう）

広報きょうわ
共和町企画振興課広報統計係編／共和町発行／1955年創刊

内容／共和町が発行する広報誌であり、毎月の町の話題やお知らせなど、町の情報が詰まった１冊となっています。第１号から最新号まで図書室でご覧いただけます。
推薦理由／町の情報が詰まった刊行物となっており、共和町の町制施行時からの町の出来事などさまざまな事を知ることができます。

岩内地方文化センター図書室／岩内町 （いわないちょう）

木田金次郎山ハ空ヘモレアガル
斉藤武一著／北海道新聞社／2007年

内容／故郷岩内の自然を終世描き続けた画家・木田金次郎の生涯と画業を追ったドキュメンタリー。
推薦理由／岩内町で生まれ育ち、有島武郎の『生れ出づる悩み』のモデルとなった画家の生涯を同郷である著者がつづっています。岩内町の在りし日の風景を味わえます。

泊村公民館図書室／泊村 (とまりむら)

茅沼炭鉱史
茅沼炭鉱史編集委員会編／泊村発行／1982年

内容／幕末から昭和40年代まで道内官営最古の炭鉱として、北海道の経済と当村の発展を支えた茅沼炭鉱の発見から炭鉱開発の栄枯盛衰を、数多くの炭鉱資料から編集した正史であるとともに、当時の人々の暮らしの様子も拾遺しています。

推薦理由／明治期以後の泊村の発展を支えた２大産業が「茅沼炭鉱」と「鰊漁」です。石炭の発見から官営・民営時代までの炭鉱開発、鰊漁との関わりや、横浜 − 新橋間の鉄道開通に先立つ国内最初の鉄軌道の敷設など、あまり知られていない歴史が満載です。北海道の「エネルギーのふるさと」としての泊村に繋がる原風景を記した書籍です。

古平町図書館／古平町 (ふるびらちょう)

子ギツネ こん太
有元健二著／古平町・古平町教育委員会発行／1995年

内容／ある一年の中で春・夏・冬３回だけ会うことができた子ギツネのこん太に古平町を案内する絵本。古平町に縁のある人物や開催しているお祭りなどをあたたかさのある絵と言葉で紹介しています。

推薦理由／１冊で古平町についての概要を知ることができ、また、絵本なのでとてもわかりやすいです。

子ギツネ こん太
書影提供 古平町図書館

仁木町民センター図書室／仁木町 (にきちょう)

新仁木町史
仁木町教育委員会編／仁木町発行／2000年

内容／仁木町が開拓された明治12年からの歴史や経緯、本町がどのような歴史を刻んで今日に至ったかを詳細に記録されています。

推薦理由／仁木町の歴史を１冊にまとめたものであり、多くの方々に広く読んでいただきたいです。

余市町図書館／余市町（よいちちょう）

余市町でおこったこんな話　過去を知り、今を知る
余市町企画・編／余市町の未来を担う人づくり事業発行／2017年

内容／余市町の埋もれた歴史等を紹介する、町広報のコーナーを書籍化したものです。余市町教育委員会の学芸員が書いており、2004年から始まった連載は現在も続いています。余市におけるアイヌ民族の伝説が綴られています。ニシン、ニッカウヰスキーなど幅広い内容で親しみやすいです。

推薦理由／町史などの専門書よりも柔らかい文章で書かれているので、余市町の歴史を知りたい方への入門書にピッタリです。かつて余市で行われた怪談や、余市出身の水泳選手の話など、町史には載っていないような、マニアックなテーマも取り上げています。また、その根拠となる資料の写真も多数掲載されているので、楽しく読むことができます。

赤井川村役場図書コーナー／赤井川村（あかいがわむら）

BYWAY 後志
BYWAY後志編集部編／BYWAY後志発行委員会発行／2007年創刊

内容／地域の物語、文化観光資源、人々にスポットライトを当て、後志地域がもつ「奥行き」と「発見の可能性」を発信するメディアです。

推薦理由／2022年日本地域情報コンテンツ大賞受賞。地域間ネットワークの形成の一助となっています。

広報「しままき」「寿都」「きょうわ」「るすつ」

書影提供　島牧村、寿都町、共和町、留寿都村

＊市町村の広報誌には日々の生活が詳しく綴られており、生活そのものを知ることができます。

電子図書館と旅する男

中学生のころにこんなウイスキーのCMがあった。みなさんは覚えているだろうか。

「角瓶と文庫本持って旅に出る」

ジーンズの男がローカル線に乗り、窓際に置いたウイスキーをキャップで飲み、文庫本を読んでいる。「文豪と一杯」といったナレーション。つぎに思い立って駅で降りたのか、草原に横たわりながら昼寝。大きなクシャミで跳ね起きる。

最後はひなびた温泉宿の畳の上で、腹ばいになって、角瓶を横に置き文庫本を読んでいるシーンで〆られる。

当時私はまだ中学生ぐらいだったと思うのだけど、このCMの雰囲気が大好きで「早く、大人になってこんな旅がしてみたいなあ」と思っていた。

CM氏の年齢もはるかに越えてしまったころ、訪れたある街で思いがけず予定がなくなってしまった。

仕方なく街をぶらついていると、文学にゆかりのある地なのか、一部古ぼけた文学碑がいくつも立っている。スマホを取り出し、電子図書館をひいてみると著者の作品が並んでいる。

ベンチに腰を下ろし、しばし読書。そして、次の文学碑のところでまた別の作品を。

電子図書館には、なかなか流行りの新刊は入らないが、古典ならいくらでも楽しめる。

いつしか電車で移動しているときも、その地ゆかりの作品を探し、スマホで楽しむようになっていた。

図書館の棚を見てあれこれ本を選ぶのも楽しいが、電子図書館は自分が棚を持って歩いている気分か。

いつでもポケットに文豪の作品が息づいている雰囲気が好きだ。

家に帰って、また読み直し、その旅を思い出す。

CM氏の時代とはいろんなことが変わったけれど、「ここではない、どこか」を探し求めたいひとの気持ちは変わらないのだなあと思う。

（札幌市中央図書館　淺野隆夫）

胆振

いぶり

安平町

むかわ町

厚真町

苫小牧市

伊達市

豊浦町

洞爺湖町

壮瞥町

白老町

伊達市

登別市

室蘭市

INTERVIEW

見て！見て！見て！

苫小牧市立中央図書館
富田歩美さんに聴く

■苫小牧市プロフィール

　苫小牧市は人口約17万人、札幌・旭川・函館に次ぐ道内4番目の都市です。豊富な水と木材資源に恵まれている苫小牧は製紙業が活発です。札幌都市圏に最も近い太平洋岸の港であり、新千歳空港にも近接している利便性から北海道を代表する工業・港湾都市です。自然にも恵まれており、ホッキ貝（ウバガイ）の漁獲量日本一！1966年には日本国内初となる「スポーツ都市宣言」を出すなどスポーツが大変盛んです。

■苫小牧市立中央図書館プロフィール

　図書館は1949年公民館集会室の一隅に書架を設置し、約900冊の蔵書により閲覧を開始したのが始まりです。1951年市立苫小牧図書館として開館します。そして1988年、現在の苫小牧市立中央図書館がオープンしました。

　苫小牧駅からバスで10分ほど。市民文化公園（出光カルチャーパーク）内にあります。美術博物館、サンガーデン（植物園）と文化施設に囲まれています。蔵書は約42万冊。（株）図書館流通センターによる指定管理で運営されています。

空間を大切にする
ライフワークとなっている「ひとはこ図書館」

　富田さんは「ひとはこ図書館」という企画を、以前勤務していた「室蘭市生涯学習センターきらんブックパーク」で始めました。そして苫小牧でもYA（10代）をターゲットに取り入れています。今まで勤務した図書館で長年YAを担当したことから、「型に

はまらない」「子ども扱いしない」「表紙を見せたい」「まずは手に取ってもらう」を方針とした結果、「ひとはこ図書館」というアイデアが生まれたそうです。1箱を図書館に見立て、テーマを決めて、選書・展示をしてもらう仕組みです。

ひとはこ図書館（2022年6月撮影）

　最近では一般の方にも「ブックディレクターになりませんか？」と募集。ミニ館長としてコーナーを作ってもらいます。「図書館に親しみ、愛着を持っていただきたい。そして利用者が参加できるイベントを強化したかった」と語ります。

館内空間のブラッシュアップ

　「館内全体の空間を見渡し、新たな活動の場にすることも司書の力の見せ所だと思う」と富田さんは説明します。事務室だった場所は、リラックススペースとして改修され、飲食可能なちょっとしたワークショップも行える空間に変えました。デジタル伊能図講座、ボードゲームなど多岐にわたる企画を、定期的に開催するように心がけているそうです。

ガラスケースの開放

　図書館では貴重な資料を展示する際に使用するガラスケースを所有しているかと思います。しかし常設展示を除いて、ガラスケースを使用していない期間も多いそうです。そこで富田さんは市民に「あなたのコレクションを展示しませんか」と募集しガラスケースを開放しました。個人が所有する貴重な資料や作品を展示する取り組みです。使用期間を1か月1組として実施したところ、取材した2022年6月の時点で既に今年度の申込みが終了するほど大盛況とのこと。これまでのお宝は、スーベニアスプーン、世界のフラッグ、コイン、香水瓶、豆本、しかけ絵本、お菓子の箱、おばあちゃんとお孫さん共作の折り紙展など、バラエティーに富んでいます。

アイスホッケーチーム「レッドイーグルス北海道」との連携

　苫小牧は氷都ということもあり、アイスホッケーが盛んです。アイスホッケーチーム「レッドイーグルス北海道」の本拠地です。地域に根付いた図書館を目指す一環として、2021年度より、「レッドイーグルス北海道」と連携をしています。
　「レッドイーグルス北海道」は新たなファンの獲得を、図書館は利用者層の拡大を目的としています。ホームゲームの日、図書館スタッフは、「レッドイーグルス北海道」のユニフォームを着用してカウンター業務を行っています。子どもの読書週間・秋の読書週間事業では選手のおススメ本リストを製作・配布します。また、パパ選手

の「パパトーーーク！」、フロントスタッフのここだけの話「WASHIとーく」を開催し、選手やチームとのコミュニケーション企画を実施することで、市民が本を身近に感じ、図書館への関心も高めるようにしているそうです。

苫小牧の銘菓「よいとまけ」との連携

　「よいとまけ」は、苫小牧を代表するお菓子です。表面にハスカップジャムを塗り込んだロールカステラで、とても美味しいのですが、日本一食べにくいお土産として有名です。製造している苫小牧の老舗洋菓子店「三星」との連携で、「よいとまけ」を図書館のおはなし会で参加者にプレゼントしたり、三星本店内「ハスカップホール」で図書館スタッフが出張おはなし会を開催しました。2022年夏、子どもたちの自由研究に合わせ、図書館主催で「よいとまけ製造」の工場見学を行いました。図書館だよりも、三星店内のカフェスペースで読めるように毎月置いてもらっているそうです。

郷土資料をより身近に

　通常、郷土資料は図書館では1か所にまとめて配架している場合が多いかと思います。しかし苫小牧は違います。1階と2階に分け、1階では書店でも購入できそうな気軽に手に取りやすい郷土資料を配架しています。場所はカウンター近くに常設することで、来館者がすぐ手に取れるような工夫をしています。元々は、1階に郷土資料は置いていませんでしたが、新型コロナウイルス感染拡大防止の臨時休館を機に、カウンター近くに設置しました。2階には「市史」や行政資料を含めた専門資料を配架しています。

　北海道内の出版社が集う催しを実施した際、出版社のみなさんからも、「とても目立ち、手に取りやすい」と好評だったそうです。

「もっともっと詳しく知りたい人は…」
2022年撮影

富田歩美さんプロフィール
上川地方出身。旭川市中央・神楽図書館を経て、（株）図書館流通センターに移籍し函館市立中央図書館、恵庭市立図書館勤務。室蘭市生涯学習センターきらんブックパークの立ち上げ後、2021年より苫小牧市立中央図書館長に就任。

取材メモ
「見て！見て！見て！」と言って、館内を案内してくれる富田さんはとにかく元気いっぱい！
「苫小牧市観光マップに図書館を記載してもらうのが夢」とのこと。企画広報など常にアンテナを立てているのが伝わります。

地域おこし
協力隊の底力

豊浦町中央公民館図書室
木村美朝さんに聴く

■豊浦町プロフィール

　豊浦町は人口約3,700人。噴火湾（内浦湾）に面し、対岸に駒ヶ岳と渡島連山、北に羊蹄山やニセコ連山が望めます。札幌から車で2時間ほどです。

　イチゴとホタテと豚肉が3大特産品です。80年以上の歴史があるイチゴ栽培は、「豊浦いちご」の名前で商標登録されています。ホタテは「耳づり」という漁法で吊るして育てるため、不純物が入り込むことが少なく、砂抜きせずにそのまま刺身で食べられるそうです。

　2021年秋、「第2回北海道豊浦町海産総選挙」が行われ、マスコミで大変話題になりました。海の幸を立候補者に見立て、人気ナンバーワンを決めるイベントでホタテがV2を達成しました。有効投票数25,175票！

　鉄道マニアに大変有名な駅が豊浦町にあります。日本一の秘境駅と呼ばれる室蘭本線の「小幌駅」です。トンネルとトンネルの間、わずか80mほどの場所に無人駅があります。道路も隣接しておらず、住民もいない秘境駅です。時刻表を正確に確認しておかないと帰宅できなくなりますので、訪れる場合にはくれぐれもご注意願います。

■豊浦町中央公民館図書室プロフィール

　1963年「社会館」開館に伴い9畳ほどのスペースに図書室ができ、1974年、現在の豊浦町中央公民館（当時は「生活改善センター」）に移転しました。その後、公民館内で何度か移転を繰り返し、1994年より現在の場所に設置されています。蔵書は約2万冊です。2021年より地域おこし協力隊によって運営されています。

大きな図書館にはないものを生かしていくように心がけています

　木村さんは「利用者の顔も名前も分かるような規模の町なので、町のみなさんと一緒に図書室を作っていけたら良いなと思いました。なるべく広く多くの人に携わってもらうことで、図書室に愛着を持ってもらえたらと。『つながる図書室』を目指しているので、気軽に関わりやすい場所となるように心がけています」と、力強いです。では、具体的にどのような取り組みを行っているのでしょうか？

児童サービスの整備

　今まで小学生未満は利用者カードが作れませんでした。そこで０歳から６歳までの子ども用に児童書を５冊まで借りられる「ひよこカード」を作りました。７歳から一般の利用者カードになります。

図書フェス「本だけじゃない図書室、２DAYS」

　2022年８月、図書室が入っている公民館と汽車公園で町民参加型イベントを開催。テーマは「食・体験・本」の３つです。ワークショップやトークショー、おはなし会、音楽（ライブと体験レッスン）、コーヒーやパンなどのふるまいコーナーと販売コーナーを設けました。近隣の市町村からもボランティアが集まり、天候にも恵まれて大盛況だったようです。木村さんはこの企画全般をコーディネートしています。
　例えば、２日目のスケジュールでは…
　９：00　図書室開館
　10：00　「図書フェス」オープン
　　　　　　地域おこし協力隊のふるまいコーナー（コーヒーなど）、ワークショップなど。
　10：30　おはなし会（とようら図書サポ読み聞かせチーム）
　　　　　　　　　＊「とようら図書サポ」とは大人の図書室ボランティアです。
　11：00　洞爺のベーカリーカフェ出店
　　　　　　本に興味がない人を惹きつけるべく、飲食の出店もありました。木村さんは、「本好きな方が出店してくれたり、地域おこし協力隊の仲間が協力してくれたりしました」と語ります。出店スペースの周りに小さな本箱を並べ、関連するジャンルの本を配架しました。
　12：00−12：30　映画上映会の準備・レモネードとポップコーンのふるまい
　12：30　公民館内で映画上映会『永い言い訳』
　　　　　　（原作：西川美和、主演：本木雅弘）
　14：30　トークショー『地味な豊浦の宝物（豊浦の自然について）』
　イベント開催各場所では除籍本を置いて、無償で持ち帰ってもらうという仕組みになっています。図書室の蔵書が、広さに対して適正量を遥かに超えていたた

め、大幅に蔵書を減らしたい事情が背景に
あります。イベントは今まで来室したこと
のない町民の参加も多く、新規登録もあり、
除籍本の再活用だけではなく、図書室全体
の活性化につながったようです。

奥にSLが展示！
（写真提供：豊浦町中央公民館図書室）

　この企画の大きな特徴は子どもたちによ
るボランティアが活躍していることです。
「とようら図書ボラ（主に小中学生）」と呼んで大人とは分けているのですが、放
課後に近隣の小中学生が図書室に寄ってボランティア活動をしています。

広報改革

　町の広報誌の図書室ページに「町民取材」を掲載しています。第1回は町長です。
好きな本などを語り、知り合いを紹介してもらい、次はその方を取材していくリレー形
式のコーナーです。読書に関心がなくても、趣味などを尋ねたりして、とにかく町民
一人ひとりに図書室に注目してもらう活動をしています。「なんだか図書室おもしろい
ことやっているなと、頭の片隅に置いてもらえたら」と、木村さんの広報力は見事です。

第2図書室リニューアル事業

　書庫となっていた第2図書室を2022年7月に改修して、読書・勉強・作業スペース
としました。町民の協力で書架にキャスターを付け移動できるようにしたことで、狭い
場所でもワークショップなどの催しが簡単にできるようになりました。第1図書室は「出
会いと憩いの場」、新たな第2図書室は「探求のとびら」というコンセプト。にぎわう
場所と静かに過ごす場所とを棲み分けて運営しています。さらに町民の協力で、室内
の壁にホタテ漆喰を塗りました。ホタテ漆喰とは、本来ゴミになるホタテの貝殻と、天
然の海藻からできたノリを原料としたもので、化学物質ゼロの天然成分ということから、
環境にも身体にも優しいそうです。清浄効果、調湿、防臭などにも効果があります。

木村美朝さんプロフィール
札幌市出身。東京でイベント制作会社に勤務。退社後、北欧に10か月滞在。2021年より豊浦町の地域お
こし協力隊として図書室全般を担当。

**取材
メモ**

木村さんは、「既成概念を変えてみるところから始めている」と一連の改
革について語ります。「一人ではできないことが多く、町教育委員会のサ
ポートがとても大きい。それでも図書室業務で孤独を感じる時は、他町
村の小さな図書館のみなさんを仲間と思って励まされることもあります」
と、ほほ笑んでいました。

室蘭市図書館／室蘭市 (むろらんし)

＊2冊紹介してもらいました。

きらん 室蘭入門書

きらん出版会編・発行／2011年

内容／「室蘭はなんの町？」港町、鉄の町、地球岬のある半島の町。イルカやクジラが近海で見られ、断崖にはハヤブサが棲み、白鳥大橋がある。自然、観光、ものづくり、商業、文化など「室蘭」の持つさまざまな魅力を総勢62人の著者が伝えます。『きらん魅惑の室蘭・胆振ガイド』加筆、カラー化。

推薦理由／「きらん」という造語は、漢字で「輝蘭」「希蘭」。輝きのある、希望に満ちた室蘭にしたい。そんな想いから生まれた、まちを学べる入門書です。元図書館長が発案した図書館の取り組みで、市民からの人生の節目や出来事を記念に寄贈された「ふくろう文庫」も紹介されています。

きらん 室蘭入門書
書影提供
きらん出版会

室蘭戦災誌　空襲と艦砲射撃の記録

室蘭地方史研究会編／室蘭市教育委員会発行／1983年

内容／太平洋戦争末期の昭和20年7月に、室蘭市民は未だ体験したことのない空襲と艦砲射撃による戦災を被り、その被害は極めて甚大でした。市民の戦争体験を中心として記録した1冊。

推薦理由／「戦時下の室蘭」の記録を後世に伝えようと、企画立案者である市図書館郷土資料室の前田氏を中心に室蘭地方史研究会が作業を進め、室蘭開港110年市制60年記念事業の一環として発刊された室蘭の歴史を語る貴重な資料です。

室蘭市生涯学習センターきらん ブックパーク／室蘭市 (むろらんし)

大人になるまでに自分の暮らす「まち」について知っておきたい10のこと

室蘭市企画財政部編／室蘭市発行／2020年

内容／人口減少に伴うさまざまな課題に向き合い、将来にわたって住み続けたいと思える「まち」を目指すための指針として策定された「第6次室蘭市総合計画」の子ども向け概要版です。

推薦理由／お子さんおひとりで読んでも理解できるよう、文字が少なくイラストやグラフ等でわかりやすくなっています。親子で一緒に、または新しく室蘭へ来られた方が「まち」を知るためにも大変便利なツールです。

苫小牧市立中央図書館／苫小牧市（とまこまいし）　　　＊3冊紹介してもらいました。

スピナマラダ！全6巻
野田サトル著／集英社／1巻2011年、2～6巻2012年

内容／大ヒット作『ゴールデンカムイ』は大団円となり、実写映画化も決まりましたが、本書は作者・北海道出身野田サトルさんの伝説の連載デビュー作。苫小牧を舞台にした高校アイスホッケーを題材にした躍動感あふれる・苫小牧愛あふれるスポーツ漫画です。
推薦理由／氷都苫小牧！！！　苫小牧を象徴するアイスホッケー漫画だとあなどるなかれ。アイスホッケーを知らない人でも楽しめるよう、競技についての説明が入っていたり、シュートのシーンはさまざまな視点から描かれたりと、作者のこだわりが感じられます。パロディやギャグ要素がふんだんに盛り込まれているのも魅力のひとつです。タイトルはアイスホッケーの技である「スピナラマ」と北海道弁の「なまら」を組み合わせて作り出されました。作者の次回の連載が『『スピナマラダ!』再創生』と発表されたため、再び話題になっています。
　「勝負に勝つのは上手い奴じゃない走るのが早い奴でもない　勝つのは最後までねばっこいプレーをする奴だ　絶対勝負を捨てるな」

北寄貝　砂浜が育んだ文化
（とましん郷土文庫第4シリーズ　ふるさと食物紀行－日胆の農水産物を訪ねて第28巻）
新沼友啓 文・写真／岩本圭介・写真／苫小牧信用金庫発行／2021年

内容／「日胆の農水産物を訪ねて」の第3作目。苫小牧は北寄貝水揚げ量全国一として知られていますが、その「ホッキ」を巡る郷土誌となっています。
推薦理由／マンガンを使うホッキ漁が北海道に伝わった最初の地と思われる「幌別村」を訪ねたところからこの巻は始まり、ホッキ漁の始まりと定着、資源保護、現在の漁港風景へと綴られています。この1冊でホッキの「今」と「昔」を知ることができます。「ホッキ採りの歌」という採譜が載っており、とても興味深いです。この資料を手に取り、一人でも多くの方にホッキの魅力を知ってもらい名物のホッキカレーを食べに、苫小牧へお越しください。

苫小牧地方郷土資料集No.8
川辺巳之吉さん手記・苫小牧の漁業について
一耕社出版／2021年

内容／樽前山や王子製紙など苫小牧に関する事柄や、市民が語る「苫小牧地方昔語り」など、各巻ごとに異なるテーマで苫小牧について知ることができる資料集。2020年から刊行されており、こちらはシリーズの第8冊目。川辺巳之吉の手記を活字化したものです。
推薦理由／川辺巳之吉は、明治29年に苫小牧村に生まれ、父親の漁場を手伝っていた時の苫小牧の鰯（いわし）漁業の様子を手記に残しました。これは昭和50年に発行された『苫小牧市史』の漁業の項に多く収録され、苫小牧の漁業の歴史を民俗史的に知るうえで大きな役割を果たしました。当時の漁業の様子だけでなく、アイヌ民族の暮らしや漁の道具がどんなものだったかなど、とても興味深い内容となっています。

登別市立図書館／登別市 (のほりべつし)

ピリカチカッポ　知里幸恵と『アイヌ神謡集』
石村博子著／岩波書店／2022年

内容／登別市出身のアイヌ女性・知里幸恵の19年の生涯と、彼女を取り巻く人びとを描いた1冊。当時のアイヌの人びとがおかれた状況を知ることができます。忘れられていた彼女が1970年以降、『アイヌ神謡集』の復刻、評伝の刊行などで知られるようになり、有志の尽力で登別に記念館が建てられるまでの経緯も描かれています。

ピリカチカッポ
知里幸恵と
『アイヌ神謡集』

推薦理由／登別市が生んだ人物の評伝。新しい時代の渦にも関わらず、アイヌ民族の文化を懸命に記録・研究していったのは、知里幸恵、弟の真志保、伯母の金成マツなど、登別が生んだ人びとでした。登別の関連地図も掲載されているので、本書を片手に「銀のしずく記念館」などを訪れてみてはいかがでしょう。

伊達市立図書館／伊達市 (だてし)

だてクロニクルツーリズム　伊達歴史探訪・観光ガイドマップ
NPO法人だて観光協会編・発行／2020年

内容／観光スポットの分かる伊達市街地の地図とおすすめイベントや史跡、伊達市の歴史が紹介されています。

推薦理由／写真や図が多く使われていて分かりやすく紹介されています。

豊浦町中央公民館図書室／豊浦町 (とようらちょう)

豊浦町民俗文化シリーズ　第1集〜第30集
豊浦町教育研究会編・発行／1984年〜2000年

内容／学校の先生方で編成されていた民俗文化研究会が、2000年まで作成していた民俗文化絵本。言い伝え・町の移り変わり・産業・自然、さまざまな点から町の歴史が描かれている貴重な資料です。「波かむり岩」「豊泉鉄道物語」「いちご物語」「壮滝別川の語らい」等々、町にまつわるタイトルは興味を引きます。

推薦理由／味のある版画やイラストの表紙と挿絵、手書きの文字、手作りの本の良さが全面に出ています。郷土史はとっつきにくいイメージですが、こちらは「民俗文化絵本」。会話文も多く、さらに実名が出てくる物語は、知り合いからお話を聞いているような感覚に。この町で、ここで、こんなことがあったんだ！と驚きの連続です。

壮瞥町地域交流センター図書室／壮瞥町（そうべつちょう）

胆振・日高の昭和　写真アルバム
しなのき書房編／いき出版企画・制作・発行／2020年

内容／胆振・日高の昭和時代の生活風景や市街地の発展の様子などが貴重な写真と地元専門家による詳細な解説で紹介されています。

推薦理由／旧壮瞥駅のあった胆振線の廃止日に蟠渓（ばんけい）小中学校の児童生徒が見送る様子や、昭和61年の蟠渓小中学校での夏休みの宿泊教室など当時の壮瞥の様子がよく伝えられています。

白老町立図書館／白老町（しらおいちょう）

ふるさとアヨロ　高田寅雄遺稿集　上・下巻
高田寅雄著／白老地域文化研究会編／高田寅雄遺稿集編集委員会発行／上巻2003年・下巻2004年

内容／白老の歴史や風土、主要な産業となっている水産業の歴史等、著者が生前に郷土文芸誌や雑誌に寄稿した原稿等をまとめた遺稿集。特に縄文時代やアイヌ民族の伝説が残り、越後衆が開拓したといわれる虎杖浜（こじょうはま）地区を中心に綴られています。

推薦理由／著者は町内で水産業を営み、多くの要職を歴任されたほか、郷土史家として数々の作品を遺しました。幅広い知識から私見を交えて書かれた内容は、深い郷土愛が感じられます。白老を伝えるうえで大変貴重な資料となっています。

厚真町公民館図書室（青少年センター図書室）／厚真町（あつまちょう）

ふるさと昔、むかし　厚真開拓絵物語
清水俊宣・文／野崎由美子・絵／厚真町発行／1987年

内容／厚真町開拓当時の生活と各地に伝わる伝説を絵本にして紹介した本です。虫や水害に悩まされた当時の様子、痕跡が今も残る石油採掘の話、厚真犬の勇敢なエピソードなどが収録されています。今となっては、真偽のほどは誰にもわからない伝説的な内容も含まれますが、文章も簡潔に分かりやすく書かれているので、厚真の昔を知るのにとても良い1冊です。

推薦理由／厚真町でしか作ることができない本なので推薦しました。30年以上前に作られた本なので古いのですが、かえって明治時代の厚真町での出来事や伝説と組み合わせることにより、いい味を出しています。

洞爺湖町立あぶた読書の家／洞爺湖町（とうやこちょう）

洞爺湖有珠山ジオパークガイド03　西山山麓火口散策路ルートを歩く
宇井忠英、岡田弘、加賀谷仁左衛門共著／洞爺湖有珠山ジオパーク推進協議会発行／2011年

内容／2000年の噴火でできた火口や壊された建物、道路などを見ることができるフットパス（散策路）コースを紹介したガイドブックです。

推薦理由／散策路を歩くことで噴火被害を実感でき、防災の大切さについても学ぶことができます。

安平町公民館図書室（追分図書室・早来図書室）／安平町 （あびらちょう）

私たちはなぜ有機農業を選ぶのか
北海道有機農業協同組合著／あるた出版／2022年

内容／全国で唯一の有機専門農協「北海道有機農業協同組合」の発足20周年を記念して発行した有機農業の今を広く、一般の方へお伝えするための本です。20軒の農家の取り組みなどが紹介されています。

推薦理由／安平町は2年間の充実した研修で農業未経験者でもスムーズに就農できるように、就農希望者をバックアップしています。先輩や庁のサポートを受け、就業した町の農家が紹介されている本です。

むかわ町立穂別図書館／むかわ町 （むかわちょう）

漫画　むかわ竜発掘記　恐竜研究の最前線と未来がわかる
土屋健企画・原案／小林快次・監修／山本佳輝、サイドランチ・漫画／誠文堂新光社／2019年

内容／2016年7月刊行の『ザ・パーフェクト　日本初の恐竜全身骨格発掘記』（土屋健著）を原作に漫画化したもの。北海道むかわ町で発見された化石が世に出るまでがわかりやすく、忠実に描かれています。原作刊行後のエピソードあり。

推薦理由／むかわ町が誇る「むかわ竜」発見から公開まで、とてもわかりやすく描かれています。当館は舞台となった穂別博物館に併設されているので、是非実際に訪れて、巨大な全身骨格と一緒に楽しんでほしいです。ぶ厚い原作にもおもわず手がのびます。

漫画
むかわ竜発掘記
恐竜研究の
最前線と
未来がわかる

むかわ町四季の館まなびランド図書室／むかわ町 （むかわちょう）

ザ・パーフェクト　日本初の恐竜全身骨格発掘記
土屋健著／小林快次、櫻井和彦、西村智弘・監修／誠文堂新光社／2016年

内容／2019年に新種の恐竜と発表されるカムイサウルス・ジャポニクスの発掘記です。むかわ町で発見された化石が、恐竜の一部と特定され、全身骨格が発掘されるまでの10年間に携わった9人の視点で書かれています。恐竜について丁寧に解説されていて、詳しくない方でも楽しめる内容だと思います。

推薦理由／むかわ町は現在、恐竜化石を生かした町づくりに取り組んでいます。その中心となる恐竜化石の物語や魅力を知っていただくために、上記の資料が適当だと思いました。

ザ・パーフェクト
日本初の恐竜
全身骨格発掘記

＊むかわ町の図書館・図書室が、偶然原作とその漫画版を紹介してくれました！

「炭鉄港」と室蘭の鉄道

室蘭と炭鉄港のつながりは、開港までさかのぼる。

明治5年（1872）に札幌や内陸部への交通の要衝として開港した室蘭。しかし、まちとして発展していく分岐点になったのは、同25年（1892）、空知の良質な石炭を海外などに積み出すため、産炭地の中継点である岩見沢と室蘭（当初は現在の輪西）が鉄路で結ばれたことによる。岩見沢から室蘭へは直線が長く、比較的平坦な路線のため、石炭の輸送量も年々増加し、道内産出石炭の6割が室蘭から積み出された。

昭和30年代の逸話でも、石炭列車通過のため遮断機が降りるとしばらく踏切が開かないことや、石炭列車通過後、線路近くに行くと石炭が多く拾えた話などが伝わっている。

鉄道で産炭地とつながり、石炭積出し港として整えられていった室蘭だが、日露戦争終結後、国内では製鉄及び兵器製造が急務となっていた。

空知の石炭、内浦湾の豊富な砂鉄などの条件がそろっていた室蘭に、製鉄業を起こそうとしていた北海道炭礦鉄道株式会社の専務井上角五郎と、国内で兵器製造を行いたい海軍の思いが合致して室蘭での工場建設が始まった。

明治40年（1907）に日本製鋼所が創業し、同42年には輪西製鉄場の溶鉱炉から約8トンの銑鉄がつくられ、室蘭は石炭積出し港から鉄のまちへ更なる発展へ向かうことになる。

室蘭を製鋼、製鉄のまちとして発展させる原動力の一つとなった井上角五郎と室蘭については、孫にあたる井上園子氏の著書『井上角五郎は諭吉の弟子にて候』文芸社（2005）に詳しく紹介されているのでご覧いただきたい。

室蘭にとって令和4年（2022）は、開港150年・市制施行100年という記念の年であり、鉄のまちとして発展していく大きな要因となった室蘭線の開通から130年という節目の年でもある。

（室蘭市教育委員会　谷中聖治）

みんなが持ち寄る「まちライブラリー」

まちライブラリーは、お店や個人宅など町の中に本を置き、本を介して人々が出会い交流する活動です。2022年12月現在で全国に985か所、道内に24か所あります。

千歳市では2016年12月、民間によって「まちライブラリー＠千歳タウンプラザ」が開館、市民の交流の場として親しまれましたが、2021年3月に閉館。閉鎖発表直後、市民による署名活動が行われた結果、千歳市により「まちライブラリー＠ちとせ」として2022年1月、JR千歳駅東口に再オープンしました。

蔵書はすべて寄贈で、現在は約11000冊。以前のまちライブラリーから引き継いだ本ばかりです。

千歳市在住で、まちライブラリーの利用者でもある写真家・医師の栂嶺レイさん著作による『知床開拓スピリット』（柏艪舎／2007年）をご紹介します。知床には、大正時代から戦後にわたって開拓され、国立公園に指定されたことをきっかけとして、1966年に全戸離農した歴史があ

ります。本書は、栂嶺さんが山中で見つけた生活の痕を開拓者の証言に結び付けていく内容と写真、さらに開拓者の家族写真が掲載されている、アルバムのような本です。厳しい土地でたくましく暮らす人々の姿と、離農を余儀なくされた事実に胸を打たれます。

まちライブラリーの蔵書には、1冊ごとに「感想カード」がついており、寄贈者からのメッセージと、読んだ人がコメントを書く欄があります。本書のコメントは5件。いずれも長文にわたる想いのこもった感想ばかりで、移転後もコメントが入っています。

市民の手で復活したからこそ、この施設で本を残すことができ、今後も本と人、人と人の交流が続いていくことに、スタッフとして奇跡を感じています。

（まちライブラリー＠ちとせ　古谷　綾）

まちライブラリー＠ちとせ
　千歳市末広6丁目3　アルファ千歳ビル1階
　TEL：0123-21-8530

日高
ひだか

日高町

平取町

新冠町

日高町

新ひだか町

浦河町

様似町

えりも町

レ・コードと音楽に
よるまちづくり

新冠町レ・コード館図書プラザ
古内絵実さんに聴く

■新冠町プロフィール

　新冠町は人口約5200人、日高地方の中央に位置し、南は太平洋、北は日高山脈に囲まれた自然豊かな町で、面積の約71％を森林が占めています。札幌から車で2時間ほど、新千歳空港からは1時間半ほどの距離にあり、2026年には、日高自動車道が新冠町まで開通予定です。

　新冠町を含む日高地方は日本有数の競走馬の産地として有名な地域です。新冠町の競走馬の歴史は、1872年に北海道開拓使によって開設された新冠牧場から始まります。その後、1877年開拓使に招かれた米国人エドウィン・ダンの指導によって牧場の整備や馬の品種改良が行われ、馬産地として発展を遂げ、今日に至ります。

　農業も盛んで、ピーマンの生産量は道内一！畜産業では酪農や黒毛和牛の育成なども営まれています。

■新冠町レ・コード館図書プラザプロフィール

　1997年6月、新冠町聴体験文化交流施設「レ・コード館」の誕生に合わせ、それまで町民センター内にあった図書室が同施設内に移転し、新たに「図書プラザ」として開館しました。

　レ・コード館は、「レコカン」の愛称で多くの町民に親しまれ、新冠町が展開する「レ・コードと音楽によるまちづくり」を推進する中核施設として、文化活動などを中心に利用されています。日高沿岸を通る国道235号線をえりも岬方向に進むと海側に位置し、高さ36mの「優駿の塔」が目印です。周りに高い建物がないため、ひと際目を引く建物で、展望塔から360度のパノラマに広がる景色は太平洋や日高山脈、競走馬の牧場などが眺望できます。

　図書プラザは、音楽や馬事に関する資料など、地域の特徴を生かした蔵書を取り揃えるとともに、子どもからお年寄りの方まで幅広く町民が訪れる憩いの場となっています。読み聞かせができるスペースを確保するなど子育て世代の利用が多く、子どもたちの声が絶えない賑やかな図書室です。

レ・コード館をもう一掘り！

　入館すると懐かしいレコードジャケットが展示され、館内ではアナログレコードを試聴できます。最高グレードのスピーカーシステムが設計されたレ・コードホールでの試聴は、音が体に響く感覚が味わえます。若い世代に昭和レトロブームが到来し、レコードが再び注目を浴びていますが、レコード世代の方はタイムスリップした気分になるのではないでしょうか。

　レ・コード館建設の始まりは、新譜の主流がCDへ変わり、レコードの生産が打ち切られようとしていた平成の初期。「1枚のレコード」という町内音楽愛好家たちの「レコードをこのままにしておくと散逸してしまい、貴重な歴史的価値のある音楽文化が間違いなく消滅する。今、消え去ろうとしているレコードを世界的規模で集めて町づくりができたら、きっと文化の香り高い町が造られるだろう。それは21世紀に生きる子どもたちのためにも、すばらしいだろう」という思いから始まりました。全国から寄贈されたレコードは、100万枚を超えています。現在は寄贈の受付をしていません。

　「レ・コード館」という館名について、RECORDを「RE」＋「CORD」と分けていて、「RE」はリラックス、リメンバー、リフレッシュといった「RE」から始まる言葉を指し、「CORD」はラテン語で「心」という意味を持ちます。「忘れかけている大切なものに帰る」「心の記憶を呼び覚ます」といった意味となり、レコードを単なる物として収集するのではなく、人々の思い出や心を新冠に集めようとする想いを表しています。

豊富な音楽資料

　図書プラザの蔵書は約9万冊です。音楽に関わる施設の図書室として「音楽資料」を多く収集しています。音楽図書館協議会に所属し、協議会より寄贈された音楽雑誌約7700冊を永年保存しており、音楽関連書は2000冊以上、音楽を聴くために必要なオーディオ機器関連書も多く所蔵しています。クラシックを中心とした楽譜を約1000点所蔵していますが、楽譜は収集対象外としている図書館が多いため、他館にはない蔵書となっています。読書週間などの事業の際は、レ・コード館収蔵のレコードを、図書プラザ内でBGMとして流すなど、レコードを活用した特色ある取り組みも行っています。

書架には音楽雑誌のバックナンバーがずらり！
（写真提供：新冠町レ・コード館図書プラザ）

鉄道の日「日高本線展」

　新冠には苫小牧から様似を結ぶJR日高本線が走っていました。しかし2015年の高波による被災で運休となり、2021年4月に鵡川−様似間は廃止となりました。図書プラザでは2021年10月、鉄道の日にちなみ、「日高本線展」を開催しました。

日高本線展
（写真提供：新冠町レ・コード館図書プラザ）

　廃止後に郷土資料館が収集した新冠駅で実際に使用されていた看板や当時の写真、町広報制作の年表も掲示し、日高本線の歴史を振り返りました。新冠の町を走る鉄道の写真を展示することで、鉄道を利用されていた方には懐かしく、自分の町に鉄道が走っていたことを知らない小さな子どもたちには、日高の鉄道の歴史を学ぶことができる展示になりました。

夏休み特別事業「みんなでとばそう！紙ひこうきコンテスト」

　2020年「コロナ禍で自粛を強いられている子どもたちが楽しめる企画を行いたい」という思いで行われたのが「紙ひこうきコンテスト」です。レ・コード館町民ホールを会場に、夏休み特別事業として開催し、4歳から小学5年生までの子どもが参加しました。

　参加者は、図書プラザ所蔵の紙ひこうきの折り方の本を見ながら自分で試し折り、飛行実験を繰り返し、その後、自分の作った紙ひこうきに名前を付けて、1人ずつ順番にホールのステージ上から飛ばすコンテストを実施しました。飛行機名と飛距離に注目です！

第1位　「マグナム2」17m55㎝（小学4年生）
第2位　「じんがーふぁいやー」11m（小学2年生）
第3位　「やり飛行機」9m75㎝（小学5年生）

　ホールの音響などに携わる専門スタッフが、会場のBGMや効果音でコンテストを盛り上げました。古内さんは、「図書プラザのスタッフだけでは運営できなかったため、専門スタッフの協力は複合施設の強みです」。

古内絵実さんプロフィール
空知地方出身。2007年より岩見沢市立図書館、北海道立図書館、千歳市立図書館、浦河町立図書館を経て、2018年より新冠町レ・コード館図書プラザに勤務。

取材メモ　古内さんは、自身の図書館のルーツを「小学校の頃から図書館に通い、たくさんの本と出会い、図書館が好きになりました。学生時代、レポートに使う資料探しで司書の方のレファレンス力に感銘を受け、将来、図書館で働きたいと考えて司書を志しました」と語ってくれました。

文化・芸術が まぶしく光るまち

浦河町立図書館

藤田美穂さんに聴く

■浦河町プロフィール

　浦河町は人口約１万1000人です。札幌から約180km、えりも岬から50kmという位置です。北は日高山脈、南は太平洋に面しています。神威岳、楽古岳など日高山脈襟裳国定公園の一部を含んでおり、町の81％を山林が占めています。町内には約200の牧場があり、3000頭以上のサラブレッドが飼育されています。「日高昆布」や生産量日本一の夏いちごなどの特産品が有名です。

■浦河町立図書館プロフィール

　図書館は1969年、当時の浦河町福祉センター３階に蔵書6000冊で開館しました。1996年に現在の浦河町総合文化会館の地階と１階に新館がオープンし、約16万冊を所蔵しています。町の中心部なので、とても便利な場所です。

　図書館の催しから文化・芸術に対して関心の高い住民が多いことがうかがえます。プロ・アマ問わず写真展や絵画展の開催が多いのも特徴的です。1918年に開館した道内で一番古い映画館「大黒座」も、町民にとって大きな存在です。

第163回直木賞馳星周さん『少年と犬』受賞！（2020年７月）

　浦河町出身の馳星周さんが直木賞を受賞しました。町民のみなさんは大歓喜だったことと思います。図書館ではすぐに受賞を祝して、「祝！馳星周さん直木賞受

賞！直木賞・芥川賞受賞作特集」の展示をはじめ、記念ミニトークショー＆サイン会を開催しました。馳さんは避暑のため夏場は長期で浦河町に滞在しています。2022年夏には地元書店の六畳書房が図書館へ企画を提案し、馳さんの新刊『黄金旅程』刊行記念トークショー＆サイン会を開催しました。現役の作家、図書館、地元書店の連携は理想的です。

トークショーの様子
（写真提供：浦河町立図書館）

「CAPってなーに？」展

CAPとはChild Assault Prevention（子どもへの暴力防止）の頭文字をとったものです。子どもたちがいじめ、痴漢、誘拐、虐待、性暴力とさまざまな暴力から自分を守るための人権教育プログラムです。浦河町では「うらかわCAP」が2017年4月に発足し、図書館では2019年から関連図書と活動内容のパネル展を開催しています。CAPの認知度と子どもへの暴力について関心を高めるため、この展示は恒例となっています。

浦河小学校5年生イチオシ図書の紹介

藤田さんが「とにかくこの企画は来館者が多かった！」と絶賛していました。タイトルは「図書すいせん会を開こう」。図書館所蔵図書であれば何でも良いので、浦河小学校5年生が各自選書してPOPを制作、図書館での展示も児童がレイアウトから設営まで全て作り上げました。それぞれが選んだイチオシ本はカテゴリーもPOPのサイズもバラバラ。個性が見事に出ていたそうです。

「図書すいせん会を開こう」展の様子
（写真提供：浦河町立図書館）

六畳書房との連携

浦河町には六畳書房という書店があります。2014年に札幌のくすみ書房と有志約100名の協力のもと、古民家の六畳ほどのスペースに開店したのが始まりです。その後、場所と店主が変わり、現在は3代目店主が図書館に近い場所で営業しています。本が好きな町民からとても親しまれており、町に書店があるということ

の大切さを改めて感じます。

　馳星周さんの新刊によるトークショーの企画などを提案して、日々奮闘しています。児童書と人文書を中心とした品揃えです。SNSを積極的に配信しているので是非チェックしてみてください。

掘り出し物満載書店です！
（2021年10月撮影）

常に行われている芸術展

内藤律子サラブレッド写真展

　サラブレッドを撮影している浦河町在住の写真家・内藤律子さんの写真展を、2001年から毎年夏に行っています。2022年は、「内藤律子 サラブレッド写真展2022（2023年版カレンダー＆ミニオグリキャップ展）」を開催しました。カレンダーは町内で購入することもできるそうです。写真家、サラブレッド、そして図書館との連携も日高地方ならではかもしれません。

　ところで、浦河にはいくつか絵画グループがあります。浦河町総合文化会館に図書館は入っていますが、会館のホールなどでも展示が行われています。図書館内では展示する団体やグループが自ら設営しているようです。浦河高校写真部による作品展「浦高写真部展in図書館」においては生徒がレイアウトから設置まで行いました。

　1998年苫小牧生まれの画家・北川和輝さんは2017年浦河高校在学中、図書館で「邂逅－回帰」というテーマで個展を開催し、2019年にも「性、情、街、市井の中から」という題目で6点の作品を展示しました。

　作家、美術家、書店、映画館、そして図書館が見事に集う町、それが浦河町です。北海道内でこれほど揃っている町はないと思います。文化・芸術の香りがぷんぷんしてきます。

藤田美穂さんプロフィール
札幌市出身。臨時主事で北海道立図書館、民間企業を経験。さらに滝川市立図書館、北海道大学文学部図書室、石狩市民図書館を経て、2018年より浦河町立図書館に従事。

取材メモ　藤田さんは道内の図書館人のなかでも珍しい経歴の持ち主です。「学校司書もやっていました。多くの図書館で多くの本を手に取ることができたので、レファレンスに生かすことができます。一番感じているのは、人とのつながりです」と、にこやかに語ってくれました。

日高町立門別図書館郷土資料館／日高町 (ひだかちょう)

沙流川　文化を育む大河
(とましん郷土文庫第1シリーズ・ふるさとの川紀行第7巻)
とましん地域経済研究センター編／苫小牧信用金庫発行／2013年

内容／沙流川（さるがわ）流域の文化を、豊富なカラー写真と共に解説。日高町の沙流川橋から川をさかのぼり、アイヌ民族の都・平取を経て、上流の原始林へと辿り着きます。胆振・日高地方の自然と歴史を探訪する『とましん郷土文庫』シリーズの第7巻です。

推薦理由／日高町は合併で生まれた飛び地自治体ですが、海側の門別地区と山側の日高地区は、古くから沙流川を利用した流送（切り出した木材を川で流し送る事）でつながっていました。時代は移り、流送の風景が遠い過去のものになっても、人々の交流は続いています。2つの町を結ぶ沙流川の魅力と、育まれた郷土の文化に触れることができます。

平取町立図書館／平取町 (びらとりちょう)

語りつぐ平取
平取町発行／2002年

内容／故人を含む76名の先人による口述が、幕末から昭和・平成に至る時代の流れに沿ってまとめられています。実体験に基づいて生き生きと語り残された言葉に触れ、平取町の歴史・文化・自然などのさまざまな側面を知ることができます。開町100周年を記念して発行されました。

推薦理由／時代順に整理された口述により読み進めるだけで自然に町の歴史が把握できる優れた構成になっています。「地元の魅力を知る」1冊として、町史や町勢要覧とともに是非目を通してもらいたい本です。先人の口述をまとめた資料としては、他にも『昭和の証人に学ぶ』（全2巻）があります。無料配布中（在庫無くなり次第終了）。

新冠町レ・コード館図書プラザ／新冠町 (にいかっぷちょう)

写真が語る思い出の新冠
新冠郷土文化研究会編・発行／2021年

内容／新冠町140周年・町制施行60周年記念として明治〜昭和時代に限定し、町民の方からご提供いただいたものや、役場、郷土資料館等に保管していた写真等から厳選した約200枚を掲載しています。写真のコメントは文化協会の会員が書き、写真と合わせて見ることで、昔の新冠の様子を知ることができます。

推薦理由／新冠に長く住まれている方には懐かしく、移住者や若い方、子どもたちには昔の風景がわかる1冊です。古い資料はいつしか散逸し、後世に語り継がれる前になくなってしまいがちですが、この資料が刊行されたことは、図書館活動を行ううえでも大変ありがたいことであり、ぜひ多くの方に知っていただきたいと考えています。

浦河町立図書館／浦河町 （うらかわちょう）

愛しき、この大地よ　浦河百話

高田則雄、河村和美、高木多美子、田中久雄、郷内満、小野寺信子共著／グルッペ21うらかわ編／
共同文化社／1991年

内容／江戸時代から昭和20年までの浦河の歴史について、先人からうかがったお話を
まとめた資料です。名もない庶民の喜びや悲しみが、一つひとつのお話に籠っています。

推薦理由／複数の話者・参考資料の明示・事実関係の調査がしっかりとされており、郷
土資料として活用できるうえ、ストーリーに潤色を取り入れ、読み物としても面白さが
あるところ。22年後の2013年には『続 浦河百話』が発行され、こちらには戦前から昭
和50年代頃までのお話が収められています。

町立様似図書館／様似町 （さまにちょう）

悩むなら、旅に出よ。（旅だから出逢えた言葉Ⅱ）

伊集院静著／小学館／2017年（小学館文庫2021年）

内容／作家・伊集院静が、世界中で体験したこ
と、出逢った人とのエピソードとともに、色褪
せずに記憶にとどまる「ひと言」を紹介。第1
章では、夭折した兄弟弟子の故郷・様似町を訪
れた武豊騎手の言葉から、実際に様似町を訪れ
た際のエピソードまで綴られています。

推薦理由／「あんなに美しい海は初めて見まし
た」という文中の言葉に、様似町の魅力が詰まっ
ています。武豊も伊集院静も魅了した様似の海
を、皆さん是非一度見にいらしてください。

悩むなら、
旅に出よ。

えりも町福祉センター図書室／えりも町 （えりもちょう）

えりも砂漠を昆布の森に　森が育てる豊かな海（自然を守る）

川嶋康男・文／すずきもも・絵／絵本塾出版／2012年

内容／砂漠化した岬や百人浜に、長い年月をかけて植林し、自然や漁業を取り戻すまで
の漁師たちの苦難の物語を紹介しています。

推薦理由／えりもの漁師たちが試行錯誤して森や海をよみがえらせるまでの過程や、現
在の様子などが、やさしい絵と共に分かりやすく書かれています。

新ひだか町図書館本館／新ひだか町（しんひだかちょう）

静かな大地
池澤夏樹著／朝日新聞社／2003年（朝日文庫2007年）

内容／明治初年、淡路島から静内（現新ひだか町）に入植した稲田家の家臣、宗形三郎と志郎は、アイヌ民族と協力しながら牧場を経営し繁栄するが…。作家・池澤夏樹さんが、自身の曽祖父とその兄をモデルに執筆した壮大な物語。

推薦理由／『静かな大地』では、明治期の開拓者たちが「厳しい自然を前に苦闘した先人」というだけではなく、今の私たちと同じように、誰もが喜びと哀しみを抱えて生きていた人々であったこと、そして北海道の歴史には、多くの語られなかった人々の物語があるということが、静内の自然と風景を背景に描かれており、深い感動を覚えます。

静かな大地

新ひだか町図書館三石分館／新ひだか町（しんひだかちょう）

みついし蓬莱山まつり収録・史
みついし蓬莱山まつり特別事業委員会発行／2017年

内容／地域の活性化と観光振興のため、観光協会と町が一体となって企画した「みついし蓬莱山まつり」。舞台は古くから地域の象徴として親しまれ、いくつかの伝説も残る「蓬莱山」。まつりの開催経緯や準備段階から平成26年の第20回までの軌跡を振り返る。

推薦理由／まつりのシンボルである「日本一の大しめ縄」は、三石川を挟んで対置する蓬莱山と雌蓬莱山を結ぶ、長さ130メートルの大きなしめ縄です。その構想から実現まで、縄の中に入れる発泡スチロールを粉砕する機械をつくったなどの舞台裏を含め写真付きで紹介しており、まつりに向ける人々の熱意を知ることができます。

みついし蓬莱山
まつり収録・史
書影提供
新ひだか町図書館
三石分館

馬のまちにある図書館

「ねえちゃん、ブックあるかい？」

ふらっと図書館に立ち寄った男性から、気軽な感じで聞かれました。ブック？もちろん本はたくさんありますが、そういう意味のお尋ねではなさそうです。ヒントは、ここが馬産地・日高町の図書館だということ。この"ブック"、実は『競馬ブック』という名前の競馬新聞のことです。

"日高"は町の名前でもあり、北海道を14の地域に分けたうちの1地域の名前でもあります。日高と呼ばれる地域には7つの町があり、中でも日高町、新冠町、新ひだか町、浦河町ではサラブレッドの生産が盛んです。日本で産まれるサラブレッドの約8割が日高の生産馬。そのため、図書館では競馬はまちの産業として扱われています。競馬関連の本が図書館の棚に並んでいるのは、日高では当たり前。自動車メーカーの本社があるまちに自動車の本があるようなものです。

当館では、入ってすぐ目に入る場所に『優駿』『乗馬ライフ』等の馬雑誌を並べています。新聞コーナーには「馬事通信」。奥に行くと馬コーナーです。競馬だけでなく、動物学、獣医学、民俗学、写真集、絵画、小説、漫画等、あらゆるジャンルから馬の本を抜き出して集めています。小さな図書館に馬の専門書があるのは全国的には珍しいことです。問い合わせが本州から来ることもあります。

でも、まちの人は図書館に馬の本があることを特に意識していないようです。それは多分、馬のいる暮らしが根付いていて空気のようなものだから。冒頭の男性も競馬新聞はあちこちでよく見かけるものだから、図書館にもあるだろうと思ってお尋ねになったのでしょう。もし、これを読んでいるあなたが日高に来る機会がありましたら、牧場や競馬場だけでなく、日常に近い場所でも馬のまちの生活を感じてみてください。温泉の休憩所で競馬中継が流れていたり、農協にレースで勝った馬の垂れ幕が下がっていたり。そして図書館に置いてある本も。まちのあり方が図書館の蔵書をつくっています。

（日高町立門別図書館郷土資料館

只石美由紀）

廃線になった日高本線の終点様似駅にて
（2021年10月撮影）

ひだか

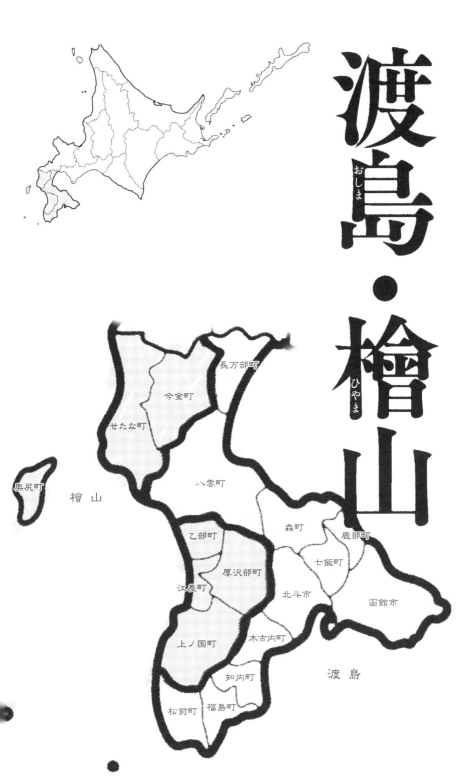

渡島・檜山

おしま

ひやま

長万部町

今金町

せたな町

奥尻町

檜　山

八雲町

乙部町

森町

鹿部町

厚沢部町

七飯町

江差町

北斗市

函館市

上ノ国町

木古内町

知内町

渡　島

松前町

福島町

幕末からの
歴史を後世につなぐ

函館市中央図書館
落合仁子さんに聴く

■函館市プロフィール

　函館市は人口約25万人、札幌・旭川に次いで３番目の大都市です。渡島・檜山管内である道南地方の中心です。貿易港であり観光の拠点となっています。

　1853年に米国の東インド艦隊司令長官ペリーが浦賀に来航、1854年に日米和親条約が結ばれ、箱館が下田とともに開港しました。1859年、横浜や長崎と共に貿易を開始。1869年、蝦夷が北海道と命名された際に、箱館も「函館」と改名しました。

　開港を前に徳川幕府は、開港場となる箱館での外国交渉や蝦夷地の防衛などを担当する「箱館奉行」を配置。幕府からの命令で、「蘭学者」武田斐三郎はヨーロッパで発達した城郭都市をモデルとした土塁を設計、1857年着工、1864年完成したのが五稜郭です。

　2016年北海道新幹線が新青森から新函館北斗間で開通。函館と本州の移動時間がとても短くなりました。函館山（標高334m）からの夜景は世界三大夜景の一つと称されています。

　主な産業は水産・海洋関連を中心に、造船や機械金属に関連した製造業、観光業など多岐に及びます。

■函館市中央図書館プロフィール

　函館市中央図書館は五稜郭のすぐ隣です。市電五稜郭公園前で下車し10分ほど歩くと到着します。図書館内には次に到着するバスの時間や、行先を表示する電光掲示板が設置されており、とても便利です。

　蔵書は郷土資料を含め約66万冊に及びます。特に北方資料や石川啄木関連の資料は貴重とされ、博物館での催しやテレビメディアによる特別公開などに限られ、普段はなかなか閲覧できないようです。

　図書館は、図書館流通センター・マルエイヘルシーサービス共同事業体が指定管理者として運営しています。函館市は中央館以外に４つの図書室、桔梗配本所の５施設を設置しています。

図書館の歴史について

函館市の図書館は、1907年に初代市立函館図書館長となる岡田健蔵宅に緑叢（りょくそう）会附属図書室を開設したことに始まります。当時、岡田は調べていた北海道産いわし油に関する文献を函館で得ることができませんでした。「このようなことを解決するには図書館を設ける必要がある」と決心します。

図書館から美しい五稜郭の桜を眺めていると、気持ちが穏やかになります。
（写真提供：函館市中央図書館）

自宅を函館毎日新聞の投稿者が集まる函毎緑叢会に開放して、「函館毎日新聞緑叢会附属図書室」として無料公開したのですが、大火で全焼してしまいました。その後本格的な公共図書館設立の動きが始まり、大火から1年半後、市立図書館が函館公園内に開館しました。長い年月を経て、落合さんも小学生の頃よく通った思い出が詰まった図書館です。老朽化に伴い2005年に改築され、現在の函館市中央図書館がオープンしました。

函館市中央図書館デジタル資料館

デジタルアーカイブ事業は、郷土資料の公開と充実を図るため2002年より始まりました。大学などの機関とも連携して資料のデジタル画像を作成して、インターネットで配信しています。2008年、ホームページに「函館市中央図書館デジタル資料館」を開設しました。古文書・地図、絵葉書、ポスター、写真、軸装・額装等、浮世絵、図書館所蔵文化財、新着資料という8つのカテゴリーに分かれています。デジタル化された作品は、既に1万点以上に及びますが、作業は今も続いています。後述する図書館だより『ハトダヨ』には必ず1点デジタル資料が掲載されています。

文学てんこ盛りの恒例企画

『市民文芸』
函館市中央図書館は文学を中心とした企画がとても多いのが印象的です。

1961年から続く『市民文芸』は、函館文学の重要な舞台です。市民の創作作品発表の場となることで、地域文化の向上と意欲の高揚を図ることを目的としています。なお作品集『市民文芸』は、中央図書館・各地区図書室で貸出閲覧できます。

「図書館俳句ポスト」

　現代俳句協会は、図書館流通センター（TRC）と共に、全国各地の図書館に「俳句ポスト」（投句箱）を設置して俳句を募集、毎月の作品の中から入選句を選んで会員誌『現代俳句』に掲載しています。TRC が指定管理会社となっている函館市中央図書館でも投句箱を設置して、入選句を掲示するだけではなく、図書館だより『ハトダヨ』にも掲載しています。

図書館だより 『ハトダヨ』

　2015年11月の開館10周年を機に、毎月発行している図書館だよりです。公式HPからも閲覧できます。「スタッフのおすすめ本」や「館長随想」「デジタル資料館紹介」などを掲載しています。特に落合さんの「館長随想」は、お人柄も伝わり、ほのぼのしますので是非ご覧ください。

落合仁子さんプロフィール
青森県出身。2005年より函館市中央図書館勤務。2022年より館長に就任。

取材
メモ

落合さんは現在の図書館が開館した時から勤務しており、2005年、図書館が開館した日の様子を、鮮明に覚えています。11月ということもあり、雪がちらほら降っている中、300人ほどが開館前から行列を作っていたそうです。「オープンから携わったので思い入れがあります」と語ります。函館の図書館の歴史は落合さんの人生そのものなのかもしれません。

渡島

函館市中央図書館／函館市 （はこだてし）

＊3冊紹介してもらいました。

「星の城」が見た150年　誰も知らない五稜郭

濱口裕介著／現代書館／2022年

内容／幕末に築城され箱館戦争の舞台となった五稜郭。函館氷に懐旧館、五稜郭タワーに野外劇……箱館奉行所や星形城郭だけではない知られざる五稜郭の魅力と歴史を紐解きます。

推薦理由／箱館戦争後の五稜郭が函館観光に一役買うことになるまでの経緯がよく分かる1冊です。

実行寺の小坊主とっ珍さんはおおいそがし

あまさか ゆう・文／佐藤国男・絵／函館メサイア教育コンサート実行委員会発行／2008年

内容／舞台は函館山の麓、実行寺（じつぎょうじ）。江戸時代の終わり頃、ロシア人領事一行がやってきます。日本で初めて混声合唱によるロシア正教の聖歌が境内に響いた史実をもとに、函館開港からおよそ150年のときに描かれた絵本です。日本、ロシア、英語の3か国語が併記されています。

推薦理由／領事やその家族を迎え入れ、聞こえてくる祈りの歌を「これはロシアの国のお経なんだよ」と、とっ珍さんに教えてくれる和尚さん。僧侶の読経と聖歌が同じ敷地で聞こえていた時を想像します。絵本を通して地域の歴史を学び、楽しむことができます。

ある巡査の書簡から　土方歳三最期の地を探して

木村裕俊著／函館碧血会発行／2020年

内容／室蘭警察署の巡査加藤福太郎は、土方歳三の幼馴染である平忠次郎に土方歳三最期の地及び埋葬場所の調査を依頼されます。この作品は加藤福太郎が函館出張の際に調査した内容を報告した「加藤福太郎書簡」を元に書かれたノンフィクションです。

推薦理由／函館市民文芸ノンフィクション部門の入選作品であり、書簡の内容は原本の雰囲気を残したまま現代文に寄せて解読されていて、くずし字や漢文などの知識がなくても読みやすくなっています。書簡中に登場する人物・場所に関しても解説文、写真での紹介があり、とても分かりやすい資料です。

北斗市立図書館／北斗市 （ほくとし）

四季のトラピスト

北海道新聞社編・発行／1998年

内容／北斗市に所在する厳律シトー会灯台の聖母大修道院、通称「トラピスト修道院」の四季折々の自然や風景、修道院の内部の様子、厳しく戒律を守って集団生活を営む修道士の生活の様子など写真を織り交ぜて紹介しています。

推薦理由／修道院を取り囲む美しい丘、海、牧場の風景がすばらしく、北斗市にこのような場所があるということを皆さんに知っていただける本だと思います。風景のみならず、修道士たちが厳しい戒律の中で日々を送る様子や、詩人・三木露風が修道院に滞在中であったときに作詞した名曲「赤とんぼ」の誕生についてもふれています。

松前町立図書館／松前町 （まつまえちょう）

松高生が作った松前町ガイドブック2022
松前学Ⅱ履修生徒制作／北海道松前高等学校発行／2022年

内容／松前高等学校の生徒が松前学の授業で作成した松前町のガイドブック。松前町のイベント、飲食店、観光施設等がコンパクトな冊子にまとめられています。
推薦理由／基本的な情報のほかに、高校生の視点からのおすすめポイントなどが記載されており、松前町の各地を巡ってみたくなる内容になっています。

福島町福祉センター図書室／福島町 （ふくしまちょう）

北海道ふくしま歴史物語
福島町歴史図書編集委員会編／福島町教育委員会発行／2021年

内容／子どもから大人まで、広い世代に読みやすい福島町の歴史の本です。福島町ゆかりの人々の挑戦の物語や、長い年月をかけて受け継がれてきた伝統文化や水産業のなりたちなど、8つの物語が1冊にまとめられています。
推薦理由／伝統文化や漁業の歴史だけでなく、福島町ゆかりの偉人「伊能忠敬」による北海道測量開始の物語や、北海道津軽海峡を泳いで渡った福島町出身海洋冒険家「中島正一」の物語など、今まであまり知られていなかったエピソードが盛り込まれています。わたしたちの故郷「ふくしま」の魅力を再発見できます。

知内町中央公民館図書室／知内町 （しりうちちょう）

一度だけの甲子園　北海道高校野球物語
南俊一、円子幸男共著／パブリックセンター／2001年

内容／北海道高校野球チーム中、春・夏を通して一度だけ甲子園大会に出場した24校の中から、10校が選ばれ紹介されています。
推薦理由／2022年、知内高校野球部が甲子園出場をかけた全道大会決勝まで勝ち進みました。そんな今だからこそ読んでほしい1冊です。

一度だけの甲子園
北海道高校野球物語

木古内町中央公民館図書室／木古内町 （きこないちょう）

咸臨丸栄光と悲劇の5000日

合田一道著／北海道新聞社／2000年

内容／1857年（安政4年）にオランダのキンデルダイクで建造された幕府海軍の主力艦「咸臨丸（かんりんまる）」建造から太平洋横断の快挙、そして沈没までの15年間の軌跡を検証した1冊です。

推薦理由／咸臨丸は太平洋横断の偉業を成し遂げた後、晩年は軍艦から北海道への物資運搬船となり、小樽に向かう途中で木古内町のサラキ岬沖で座礁し、沈没しています。木古内町を語るうえで咸臨丸は避けて通れないだけでなく、木古内町に大きな夢とロマンを残しています。

七飯町地域センター館図書室／七飯町 （ななえちょう）

クラウドの城

大谷睦著／光文社／2022年

内容／第25回（2021年）日本ミステリー文学大賞新人賞受賞作。七飯町大沼を舞台に連続密室殺人事件が発生。元傭兵の主人公鹿島が封鎖された「クラウドの城」で殺人者と対峙する。ハードボイルドに本格ミステリーが絡む注目の大作。

推薦理由／七飯町大沼を舞台にしたミステリーはあまりなく、もちろんフィクションではありますが、大沼の自然が鮮明に表現されており、とりわけ湖面に映る駒ヶ岳の描写は地元の住人でも納得です。地元が舞台×本格ミステリー、おすすめの1冊です。

鹿部中央公民館図書室／鹿部町 （しかべちょう）

柿の隣に実るもの

香名山はな著／エネルギーフォーラム／2022年

内容／夫に先立たれ、都会を離れたシングルマザーが、移住してきた小さな町で「柿の隣に実るもの」を見つける話で、鹿部町が舞台となっています。フィクションとして書かれているので、「鹿部町」という言葉は出ませんが、「鹿部町は確かにこんな町だな」「ここあの食堂のことだな」などと思ってしまう作品です。

推薦理由／町民に教えていただいた作品で、実際に読んでみても「鹿部のことだ」と思うところがたくさん見つかって、表紙も鹿部町からの駒ケ岳の風景画だったのでこの作品にしました。

柿の隣に実るもの

八雲町立図書館／八雲町 (やくもちょう)

やっぱりおもしろ読本やくも
若人の集い編・発行／2020年

内容／町内で活動する「若人の集い」という団体が、10年おきに発行している『おもしろ読本やくも』の最新刊です。八雲の産業、教育、文化、食、観光、移住者インタビューなど、八雲が関わるさまざまなものが幅広く紹介されています。

推薦理由／もともとは団体の記念誌的な意味合いがあるそうなのですが、たくさんの人に楽しんでもらいたいという思いから、小さな話題やあまり知られていない情報を掘り起こして載せているとのこと。既刊『おもしろ読本』『もっとおもしろ読本』『もっともっとおもしろ読本』と併せて読むと八雲博士になれるかもしれません。

長万部町図書館／長万部町 (おしゃまんべちょう)

長万部　熱き鼓動
長万部町企画振興課編／長万部町発行／1994年

内容／道南の交通の要、長万部町の開町120年と町制施行50年を記念して発行された写真集。明治から昭和30年ごろまでの町内の写真、合計295枚を長万部の歴史とともに紹介しています。長万部開拓の苦労や、国鉄と静狩（しずかり）金山で賑わった町の様子、お祭りの熱気、ありふれた日常生活の一コマなど、町民の生活に根差した写真が多くみられます。

長万部　熱き鼓動
書影提供 長万部町図書館

推薦理由／国鉄時代に賑わっていた町の歴史を、目で見て感じることができる貴重な資料です。長万部駅の様子や二股ラジウム温泉の石灰華ドームなど、今でも当時の面影を残している場所もあり、地図と本書を携えて町歩きをしたくなります。特に長万部駅は、新幹線駅建設に伴う工事が始まる前にご覧いただきたいです。

檜山

江差町図書館／江差町 (えさしちょう)

7394　五勝手屋本舗創業150周年記念絵本
創業150周年記念事業委員会制作／中川 学・絵／五勝手屋本舗発行／2022年

内容／江差町に伝わる「折居伝説」を主軸に、町の文化や歴史、風土などが描かれた絵本です。タイトルの『7394』は令和2年7月31日時点の江差町の人口です。

推薦理由／町内の老舗企業が創業150周年記念に作製した絵本です。作画は僧侶でイラストレーターの中川学氏が手がけています。町の文化や歴史などが描かれており、江差町を知ってもらうきっかけの1冊としてとても良いと思います。五勝手屋本舗の店舗ほか、土産物店でも購入でき、江差町のお土産としても良いです。

上ノ国町民図書室／上ノ国町 (かみのくにちょう)

六救さん
上ノ国町のこどもたち著／上ノ国観光ガイド協会発行／2022年

内容／北海道で初めて発見された懸仏（かけぼとけ）が地域の人たちと関わりながら、地域の人たちの心のより所となって成長していくストーリー。

推薦理由／地域の先人たちが遺した出土品の価値を、現代に生きる子どもたちが見出していきます。子どもたち自らが考案したストーリーやイラストをもとに作成された地域の魅力を物語る絵本です。

厚沢部町図書館／厚沢部町 (あっさぶちょう)

広報あっさぶで振り返る厚沢部町50年史
厚沢部町町制施行50周年史記念事業実行委員会編・発行／2013年

内容／厚沢部町町制施行50周年を記念して発刊された50年史です。毎月発行の当町広報紙『あっさぶ広報（＊現在も発行継続中）』の1963～2012年（昭和38～平成24年）分より記事を抜粋し、町の主な出来事や町民の生活を年ごとに振り返る内容になっています。当館の落成式も掲載されています。

推薦理由／広報記事を主体としていて写真が豊富で読みやすく、写真集のように１ページずつ眺めながら視覚的にも楽しめます。特に当町民にはアルバム感覚で思い出と懐かしさを感じられます。誰でも気軽に手に取れる町民に身近な史料です。

乙部町図書室／乙部町 (おとべちょう)

乙部町歴史シリーズ全３巻４冊（第１巻 新北海道の夜明け「箱館戦争」明治政府軍の乙部上陸、第２巻 乙部むかしむかし、第３−上・下巻 乙部の歴史）
乙部町歴史ブック編集委員会監修／乙部町発行／第１巻1991年、第２巻1992年、第３-上巻1993年、第３-下巻1994年

内容／乙部の歴史などをマンガ形式にて「新北海道の夜明け『箱館戦争』明治政府軍の乙部上陸」「乙部むかしむかし」（伝承話）「乙部の歴史　上・下」（概史）の３巻４冊にまとめて紹介したシリーズ。

推薦理由／乙部町が属する檜山南部および渡島南部地域は江戸時代初頭から松前領だった和人地で、以北の北海道とは異なる文化習俗などがあります。本来最適な書籍は『乙部町史』ですがボリュームがあり専門的すぎるので、手軽に読め入門概説的としてわかりやすいという点でマンガブックシリーズを挙げました。

奥尻町海洋研修センター図書室／奥尻町 (おくしりちょう)

奥尻島のチビッコ漁師
横山謙二著／（発行記述なし）／2020年

内容／奥尻島出身の筆者の幼少期から海上保安官になるまでの人生について当時の心境とともに書かれている本です。

推薦理由／幼少期から海上保安官になるまでの人生が書かれているため、奥尻島の情報や当時の様子などを知ることができます。また筆者の心境が赤裸々に書かれているため読みやすい内容となっています。

奥尻島のチビッコ漁師
書影提供
奥尻町海洋研修センター図書室

今金町民センター図書室／今金町 (いまかねちょう)

いまかね絵本『だいすき！だんしゃくくん』
いまかね絵本プロジェクト製作委員会企画／カワグチリオ・イラスト／今金町教育委員会発行／2010年

内容／今金町が全国に誇る地理的表示保護制度（GI）登録ブランド「今金男しゃく」を始め、町の名産品をキャラクター化した絵本です。主人公「今金男しゃく」のだんしゃくくんは、すてきな夢が見つからないとふさぎ込みます。しかし、仲間たちに出会い自分に自信を取り戻していきます。今金町の魅力を知ることができ、また物語としても楽しめます。

推薦理由／絵本の製作にあたっては、「いまかね絵本プロジェクト製作委員会」を町民の有志で立ち上げ、たくさんの人に愛される絵本を

いまかね絵本『だいすき！だんしゃくくん』
書影提供 今金町民センター図書室

目指して取り組んできました。今金町では出生時や未就学児の町内転入時の贈り物として活用され、ふるさと納税返礼品としても活用されています。たくさんの人にこの絵本を手に取っていただき、今金町の魅力が伝わりますよう願っています。

せたな町大成図書館／せたな町 (せたなちょう)

夢の国日誌　北の僻地暮らしだより
小山政弘著／風媒社／1987年

内容／札幌から旧大成町に越してきた高校教師一家が、この町で暮らした日誌。都会暮らしと、田舎暮らしのギャップをおもしろおかしく書いています。大成高校の生徒とのやりとり、地元の人たちのやりとりが、書かれています。

推薦理由／北海道最古の灯台と言われる、せたな町大成区大田にある定灯篭の台座を発見したり、太田山神社の歴史を知る大変貴重なものです。既に廃校になっている大成高校の生徒や、地元の方たちの名前がでてきて、地元の人にとっては大変懐かしい本です。生まれ育ったこの町の豊かな自然、人情味あふれた町を思いかえさせます。情熱は、多くの人を動かすと思える本です。

せたな町情報センター図書室／せたな町 (せたなちょう)

北檜山町五十年のあゆみ
北檜山町町史編集室編／北檜山町発行／2004年

内容／せたな町の合併前の旧北檜山町誕生からの50年の歩みが記載されています。

推薦理由／旧町それぞれの図書施設も調査され、旧北檜山町（現・せたな町北檜山区）の歴史や風土が詳しく書かれています。

せたな町生涯学習センター図書室／せたな町 (せたなちょう)

セタナ通信
野原由香利著／講談社／2008年

内容／コピーライターの琳子（りんこ）が６歳の息子真也と、札幌から仕事のためせたな町の山奥に移住して、周りの人たちに助けられながら、つらい出来事や、楽しいこと、いろいろな問題にぶつかりながら「こちらセタナ情報局」の仕事を頑張っていくというお話です。

推薦理由／風景、情景、食べ物など、せたな町あるあるです。特に冬の雪かき、吹雪、吹きだまりの話は読んでいて、「わかる！」ということがたくさんあります。読んでみて頭の中でせたな町を想像してほしいです。

セタナ通信

コラム

佐藤泰志と函館の思い出

　１年の三分の一を雪との闘いに明け暮れる、日本有数の豪雪地に育った僕は、函館ラ・サール高校へ進み、親元を離れての高校三年間の寮生活で救われる。ここでの団体生活では、世の中には色んな奴がいて、気が合いそうにない連中とも何とか折り合いをつけて生きていくコツを学び、親離れの自由を満喫したのだ。高校では文藝サークルに参加し、詩のようなものを書いてはガリ版刷りの雑誌を作っていた。男子高、女子高が多かった函館で、「他校との交流」などと言って喫茶店でダベる時間も楽しくて、道南の陽射しはあくまでも温かかった。

　こんな時に店の片隅でタバコをふかしていたのが佐藤泰志だったと記憶している。有島青少年文芸賞を受賞していた彼はすでに有名人だった。受賞作『市街戦のジャズメン』（※）はその内容が政治的に過ぎるということで新聞への掲載が見送られ逆に評判を呼んでいた。

　佐藤泰志は年下の藤川巌と僕にだけはタメ口を許していた。彼は僕らを名字で呼び、僕らは彼を「ヤスシ」と呼んだ。こんなに親しくなったのは僕が上京してからのことだ。落としどころの見いだせない学園紛争の末、ロックアウトのまま「卒業」し、親には予備校に行くと言って上京した。ベトナム戦争や、キング牧師の暗殺などで、あのアメリカに幻滅し、目標とすべきものを見失って、どうやって生きて行ったらいいかわからなくなっていた。このどん底の時期にヤスシや藤川ら函館西高出身者のグループと過ごしていたのだった。本当にどれだけ助けられたことか…。

　永島慎二の『フーテン青春残酷物語』に描かれたような暮らしを体験し、やがて他に展望を見いださないままに帰郷する。郊外型書店や複合型の大型店が出来、出版・書店業界はピークを迎えようとしていた。親に従って店を手伝い、売り上げを維持しても、その支払いに苦労する日々、意見の衝突は日常茶飯事

だった。僕はその後も上京するたびにヤスシたちと会い、世を憂い、吐くほど呑んでクダを巻いた。ヤスシが亡くなる一週間前にも僕らは会って呑んでいる。それは1990年、「もうイヤになった」という父親から経営を引き継ぎ、融資を受けて店を改装した年のことだ。昭和が終わり、世の中から色が消えて、あれよあれよという間に状況が変化していった。バブル崩壊、売上減少、ひたすら借金を返し続けるだけの苦闘の四半世紀の始まりだった。ヤスシが居なくなってしまった世界で、追い詰められ正直苦しかった。考えうることはまずやってみた。そのうちの一つが「一万円選書」で、ブレイクするまでには7年もの日々を要したのだ。「もうダメか」と諦めかけたその時、深夜のテレビ放映がきっかけで、注文が殺到した。妻は「本屋の神様がいた」と言った。深い霧が晴れて、今までに見たことがない広い花畑が広がっていた。今までの苦難の道のりはここにたどり着くためのルートだったのだ。

だから、なあ、ヤスシ。どんなにボロボロになっても生きのびて欲しかった。暗い坂道を恐る恐る下るような恐怖を抱えて、それをやはり書いて欲しかった。明日になったら何が起きるのか、わからないのが人生なのだから。

（いわた書店　岩田　徹）

いわた書店
　砂川市西1条北2丁目1-23
　TEL　0125-52-2221

（※）『市街戦のジャズメン』は「もうひとつの朝―佐藤泰志初期作品集」（佐藤泰志著　福間健二編　河出書房新社　2011年）に収録されています。
　佐藤泰志（サトウヤスシ）
　小説家　函館出身　1949-1990年

道南いさりび鉄道
（2021年6月撮影）

"日本一貧乏な観光列車"が走るまで
「ながまれ海峡号」の奇跡
佐藤優子著／永山茂監修／ぴあ／2018年

木古内駅から五稜郭駅までのんびりと。
道南いさりび鉄道の誕生と、沿線地域の観光活
性を作り上げた記録。そこにはどのようなドラ
マがあったのか？　本書片手に乗車してください。

上川

かみかわ

中川町
音威子府村
美深町
幌加内町
名寄市
下川町
剣淵町
士別市
和寒町
愛別町
鷹栖町
比布町
当麻町
旭川市
上川町
東神楽町
東川町
美瑛町
上富良野町
中富良野町
富良野市
南富良野町
占冠村

旭川といえば？

旭川市中央図書館
冨田千尋さんに聴く

■旭川市プロフィール

　旭川市は人口約33万人、上川地方、道北方面への窓口となる北海道第2の大都市です。札幌から特急で1時間半ほどの北東に位置します。地震などの災害が少ない町です。石狩川と多くの支流が合流していますが、治水事業の成果で水害は減っています。

　「旭川といえば？」と冨田さんに尋ねると、「川」「橋」「地酒」「旭川家具」「彫刻」「文学」「木工」「陶芸」「水稲収穫量全道一」「旭山動物園」…「お菓子も美味しい！」と、限りなく出てきます。

■旭川市中央図書館プロフィール

　旭川の図書館は、1946年に市立図書館として開館します。1958年に常磐公園に移転。1994年、公園敷地内で現在の場所に移転して、「旭川市中央図書館」と名称を変えてオープンしました。現在は中央館、4地区館、10分室、2図書コーナー、自動車文庫58ステーションによって、市内全域の図書館サービスをカバーしています。中央館の蔵書は約77万冊におよびます。

「旭川叢書」の刊行

　「旭川叢書」は、郷土の歴史を次世代に遺す出版事業として1967年に開館20周年を記念に創刊しました。第10巻まで図書館が編集・発行を行っています。第11巻以降は図書館編集、旭川振興公社発行となって市内の書店でも販売しています。

　原則年に1巻刊行でしたが、第27巻からは隔年に変更して継続しています。

2022年現在、全36巻を図書館で手
に取ることができます。第1巻は
『小熊秀雄論考』（佐藤喜一著、1967
年）、最新刊である第36巻は、『中
原悌二郎賞と旭川の彫刻』（中原悌
二郎記念旭川市彫刻美術館編、2021
年）です。

「旭川叢書」1〜36巻（撮影協力：旭川市中央図書館）

「文学」「芸術」「自然」「歴史」「工
学」「社会」の6つのカテゴリーが
刊行されています。テーマによって装丁を変えてみたり、子どもでも手に取れる
工夫を施すなど、編集の自由が「旭川叢書」には感じられます。また、1986年
3月に刊行した第16巻『あさひかわの建物』（川島洋一著）より、書店での販売
促進のために帯も付けています。

「市民の調査・研究支援のために必要不可欠な資料です。行政、地域団体、文
化団体等の事業など多岐にわたる参考資料です。また、市内各学校図書館等でも
所蔵しており、生徒に旭川の歴史と文化について学ぶ機会を提供しています」と、
冨田さんは語ります。

YouTube「旭川市図書館チャンネル」開設

2021年より、旭川市中央図書館が所蔵する写真や絵はがき資料を使って旭川
の魅力を発信しています。1本あたり2分から5分程度で、おおよそ毎月1回
配信しています。第1弾は「常盤ロータリーの変遷」「旭川駅前の変遷」です。アー
カイブ的な内容だけではなく、旭川市末広図書館で開催されたイベント「わくわ
くパネルシアターと旭川市旭山動物園坂東園長のお話」の動画も配信されています。

北方資料デジタルライブラリー

道立図書館が運用する、「北方資料デジタルライブラリー」は、道内の図書館
や文書館等のデジタル資料を公開しています。こちらで旭川市の貴重な古地図や
時代の空気を感じられる写真等を見ることができます。カテゴリーは「写真」「図
類」「絵葉書」に分けています。

旭川市制100年記念展「パンフレットの中の旭川」

2022年、旭川市は市制100年という節目の年です。そこで、市内の郷土資料コ
レクターである百井昌男さんより寄贈された旭川市の施設パンフレットやグッズ
に、図書館で保存している「施設案内」や関連資料を合わせた特別展を開催しま

した。1994年10月1日北海道新聞（旭川版）には、中央図書館開館のお知らせと地元企業からのメッセージが全面広告で掲載され、このような貴重な資料も展示されました。開館当時のパンフレットなどとても懐かしいです。

「パンフレットの中の旭川」（2022年9月撮影）

館内を見学して冨田さんが案内してくれたことをいくつか…

- 一部の書架は、世界でも注目されブランド化している『旭川家具』の木材を使用しています。
- 視聴覚資料はジャケットをクリアフォルダーに入れています。レコード店のように、簡単にジャケットを見て選べるようになっています。DVD化されていない映画のビデオは根強い人気があります。最近では珍しくなってしまったレーザーディスクも約1000枚所蔵しており、館内で視聴できます。利用者からビデオやレーザーディスクのデッキを寄贈してもらうこともあるそうです。もう購入できない機材なので、ありがたいです。
- テーマを決めて本を集める「特集」を館内に10か所設置。1〜5の特集は児童書、6〜10は一般書です。児童書の常設の特集以外は、1か月単位で入れ替えしています。
- 汚破損本の処理には神経を使っています。冨田さんは「濡れたり破れたりした場合は早めにお知らせください。修理・手当てして使える場合もありますから」と切実に願っていました。

冨田千尋さんプロフィール
旭川市出身。書店での勤務を経て、1993年より勤務。一時期他部署での業務にも従事。2005年中央館に異動、今日に至る。

取材メモ　「旭川といえば？」で冨田さんが挙げたアイテムの関連書は、当館の重要な選書の柱となっています。
館内を見学していると、高齢の方が端末で調べたレシートを見ながら、書架の前で本を探していました。ふと気づいたスタッフが、さりげなく「一緒にお探しします」と言ってフォローしていた様子が、図書館員として当たり前のことなのかもしれませんが、とても気持ち良い印象でした。

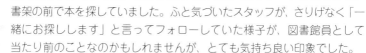

美瑛つながりラボ

美瑛町図書館
川嶋祐司さんに聴く

■美瑛町プロフィール

　美瑛町は人口約9600人。旭川市から南へ30キロ、列車でおよそ30分行くと、美しい駅舎で有名な美瑛駅に到着します。駅前からの大雪山系の景色は見事です。旭川市と、TVドラマ『北の国から』で有名な富良野市の中間です。

　美瑛町はNPO法人「日本で最も美しい村」連合に加盟しています。「日本で最も美しい村」連合は、失ったら二度と取り戻せない日本の農山漁村の景観や環境、文化を守り、将来にわたって美しい地域を守り続けることを目的に、2005年当時の美瑛町長が呼びかけて美瑛町を含む全国7つの町村で設立されました。

　「四季彩の丘」「白金青い池」など名所が多数あり、観光は重要な基幹産業です。農業では特に小麦が最も作付けが多く、小麦を使用しているパン屋さんや飲食店のスタンプラリーを町内全域で開催し、小麦の活用などを推進しています。図書館もスタンプラリーのPRに協力し、小麦の関連書コーナーを設けています。

■美瑛町図書館プロフィール

　1916年、蔵書200冊から始まりました。1963年、公民館の図書室として運用を開始。1990年に公民館から独立し、2012年に現在の場所に移動しました。町役場や町民センターに近く、美瑛駅からは徒歩10分ほどです。蔵書は約7万4000冊です。

書店出身者ならではのアプローチ

　川嶋さんは書店勤務の経験を生かし、書店でよく見かけるように、図書館でも平積みにするなど細かい工夫を行っており、ふと書店にいるような気分にさせま

す。川嶋さんに、「常に見せる
本を変えていますね？」と尋ね
たところ、「はい！」とニコッ
と笑いました。

今日は何の日？「占いの日」展の様子
（写真提供：美瑛町図書館）

　2022年は、美瑛の丘を世界
に広めた写真家・前田真三の生
誕100年です。同氏は1987年美
瑛町に自らの写真ギャラリー
「拓真館」を開設。多くの作品
で美瑛の美しい丘を紹介してきました。図書館では前田氏の功績を称え、作品集
はもちろん写真に興味を持ってもらえるような書籍を展示しています。写真集は
表紙に著者の代表作が掲載されることが多く、その魅力が伝わるよう、できるだ
け表紙が見えるように展示しています。

　カウンターの手前には「今日は何の日」コーナーを常設しています。スーパー
の「レジ前効果」を狙っているそうで、実際によく借りていかれるそうです。

コミックコーナーについて

　2019年、館長よりコミックコーナーを充実させたいという方針が出ました。ちょ
うど『ゴールデンカムイ』が流行し、問い合わせも多いことから、以降名作コミッ
クや学習マンガをアピールしています。さらに『鬼滅の刃』のヒットでは、館長
自らピンセットなどを使って登場キャラクターの、折り紙を制作！2年かけて全
キャラクターを揃えました。一つずつ増えていくので、来館した子どもたちは楽
しみにしていたそうです。中学生のコミックコーナーでの立ち読みが多いことか
ら、コーナーの角にスポットライトを設置！コミック専門書店のような雰囲気が
あります。是非、実際に見学してもらいたいです。

ジオパークへの取り組み

　「十勝岳ジオパーク美瑛・上
富良野エリア」としての認定を
後押しするために、図書館は常
設コーナーを入口正面に設置し
ました。どのような図書を扱っ
たら良いか、十勝岳ジオパーク
推進協議会の方から指導を受け
て選書したそうです。2022年

ジオパーク！
（写真提供：美瑛町図書館）

１月「日本ジオパーク」に認定され、さらに図書館ではジオパークに関する新し

い情報を配信していくそうです。

移住促進、ワーケーション、「美瑛つながりラボ」

　美瑛町では移住促進はもちろん、ワーケーションも推進しており、2022年には1～3か月程度滞在する方をターゲットにした専用の住宅を整備しました。この取り組みはインターネット等で知られ、2022年度の受付が半年もしないうちに終了するほど好評です。そこに図書館が絡みます。まちづくり推進課には移住やワーケーションなどが決まった方へ、公共施設を説明を行う際、必ず図書館の案内もしてもらいます。図書館には以前より、短期滞在者から図書館を利用したいという要望が届いていたそうです。

　2021年度から始まったのが「美瑛つながりラボ」です。美瑛に住む「なかの人」と、美瑛に関心のある「そとの人」がつながって、未来の美瑛の新しい「なにか」を生み出す、出会いとチャレンジの実験プロジェクトです。図書館では「つながるワークショップ」「つながる読み聞かせ」を開催。まちづくり推進課と連携して、図書館だからできるコミュニケーションに力を入れています。

学校支援と読書活動応援事業

　2015年当時、町内の小中学校図書館を何とかしようという声が上がったものの、町では何をして良いかわからない状態だったそうです。人員も全くいませんでした。そこで2016年以降、図書館から専任スタッフが学校にも配置され、毎月担当教諭、専任スタッフ、図書館の3者でミーティングを定期的に行うようにしています。また川嶋さんは中学校を定期訪問し、朝読書の時間にブックトークを行っています。「紹介した書籍をさっそく借りたいという生徒もいます」と、川嶋さんは喜んでいました。

　また、図書館では高校生以下に銀行と同じような「読書通帳」を無料配布しています。通帳1冊に書籍が216点記入でき、年間100名ほどが通帳満了を達成するそうです。達成者には司書が選書した書籍リストの中から1冊プレゼントしています。

川嶋祐司さんプロフィール
檜山地方出身。旭川市中央図書館、ジュンク堂書店旭川店を経て、2015年より美瑛町図書館勤務。

**取材
メモ**　「社会教育に係る予算と人員を減らさないで欲しい。文化を育むことに力を入れなければ、住民の心の豊かさは失われる。数字には表れない豊かさを守っていきたいです」と、川嶋さんは切実です。

走れ！
エホンキャラバン 179

剣淵町絵本の館
鈴木千尋さんに聴く

■剣淵町プロフィール

　剣淵町は、旭川より少し北に位置し、人口は約2900人の町です。1962年、町制を施行して現在に至っています。

　基幹産業は、米をはじめ、小麦、豆類、じゃがいも、そば、甜菜、かぼちゃ、越冬キャベツなど多品種の栽培が行われています。じゃがいもは食用以外に農協合理化澱粉工場ででん粉に精選され、また加工用として大手食品メーカーにも出荷しています。

　1988年、町内の有志によって「けんぶち絵本の里を創ろう会」が結成され、絵本を題材とした町づくりが始まりました。町を歩くとマンホール、商店の看板など至るところに「絵本の里けんぶち」のマークを見かけるほど、剣淵町は絵本をPRしているのが伝わります。

■剣淵町絵本の館プロフィール

　1989年、剣淵町はふるさと創生資金（１億円）の半分を絵本の里づくりに使うことを決め、公民館を改修し、絵本1000冊と絵本原画を購入しました。1990年には絵本原画収蔵館を建設し、1991年、公民館を愛称「絵本の館」としてオープンしました。しかし、建物の老朽化が進んだことから、2004年に現在の場所に新・絵本の館をオープンしました。剣淵駅から歩いて10分ほどです。

　新館は、ユニバーサルデザインを採用。積雪寒冷地に対応した無落雪、深夜電力利用の蓄熱式床暖房にしました。内部にはぬくもりと温かさを感じる木と土壁を使用して、ホールではいろいろな催しができる仕組みになっています。公民館時代に運営した一般向け図書コーナーも町民の読書推進として所蔵しています。「人に優しい」をコンセプトに作られた新・絵本の館は2010年、一般社団法人公共建築協会「公共建築賞・優秀賞」を受賞しました。

　蔵書は約７万冊（うち絵本は約４万冊）。絵本原画の収蔵点数は約1100点に及びます。

けんぶち絵本の里大賞

　1991年、「けんぶち絵本の里大賞」が「けんぶち絵本の里を創ろう会」によって創設されました。これは前年度1年間に日本で出版された絵本を作家や出版社に応募してもらい、その絵本を絵本の館に展示し、来館者が自分の好きな絵本に投票して大賞を決定する企画です。大賞受賞者（受賞作品）には、賞金と剣淵の農産物が3年間にわたって贈呈されます。絵本の応募は毎年300冊前後、投票期間は8月1日から9月末日

マンホール（写真提供：剣淵町絵本の館）

までの2か月間で、絵本原画展と併せて絵本の館で開催されます。
第1回（1991年）大賞受賞作
『おばあさんのすーぷ』林原玉枝・文　水野二郎・絵　女子パウロ会　1990年
第32回（2022年）大賞受賞作
『あきらがあけてあげるから』　ヨシタケシンスケ・作絵　PHP研究所　2021年

エホンキャラバン179

　「エホンキャラバン179」は、絵本を積んだ移動図書館車で道内各地に出向き、読み聞かせなどを行う「けんぶち絵本の里を創ろう会」の事業です。全道179市町村制覇を目指して走っています。この絵本キャラバンカーは2013年、講談社から剣淵町に寄贈されたもので、当初は年に10回ほど剣淵町内のイベントを中心に稼働していました。近隣の和寒町、幌加内町朱鞠内（しゅまりない）地区でも催しを行う機会がありました。絵本の館はこの事業の事務局を担っています。鈴木さんは、「キャラバンカーは走っているだけで注目されるので、剣淵町のPRになる」と、職員ときっかけについて話したことを記憶しています。

　「けんぶち絵本の里を創ろう会」会員でもある絵本の館の職員が「全道179市町村に夢を届けたい」という思いで「エホンキャラバン179」企画をまとめ、2021年に本格的にスタートしました。

　2021年6月9日北海道新聞朝刊・全道版24ページ（社会面）に「絵本図書館車があなたのまちへ　剣淵の町民団体　全道各地で読み聞かせ」の記事が掲載されると、「朝刊をご覧になった各地の方から、ぜひうちの町に！という申込みの

お電話をたくさんいただきました。当時の受付表によると、図書館・保育園・学校・読み聞かせサークル・商業施設・イベント会場など、さまざまな方からオファーが！」と、鈴木さんは反響の大きさに驚いてました。

第1回の行き先は、留萌市の小規模保育園と病院内保育所の2か所になりました。

2022年9月、札幌市西区にやってきた「エホンキャラバン179」
子どもたちが「いらっしゃいませ！」微笑ましいです。

訪問先ではキャラバンカーの開放や「けんぶち絵本の里を創ろう会」会員による読み聞かせを行い、子どもたち自ら本を手に取る様子を見ることができたそうです。活動報告書によると、参加した会員からは「より多くの方に剣淵の存在を知ってもらえた」「現地の子どもたちに喜んでもらえた。現地の方々と『つながり』ができた」「キャラバン先の美味しいごはんが食べられて楽しく活動できた」などの感想が寄せられました。さらに、剣淵町の特産品の販売を実施したい！というアイデアも生まれ、翌年には観光協会や観光課と連携した「オール剣淵」によって千歳市・当別町道の駅訪問キャラバン隊の活動に発展することになりました。これを皮切りに、2022年9月30日〜10月1日の札幌市まで、13市町村を訪問しました。

前例のないプロジェクトへの注目度は高く、さまざまな課題も見えてきましたが、「ひとつずつ話し合い、解決していきながら、他では見られない事業をみんなで楽しく推進していきたいです」と、鈴木さんは気持ちを聞かせてくれました。是非、応援していきたいプロジェクトです。

鈴木千尋さんプロフィール
釧路市出身。2007年、幌加内町生涯学習センター図書室司書として勤務。2018年から剣淵町絵本の館に勤務。

取材メモ　鈴木さんは、「柳田邦男さんの言葉に『絵本は人生で3回出会う』というものがあります。1回目は『子どものとき』、2回目は『子どもに読んであげるとき』、3回目は『人生を振り返るとき』。読み手の年齢を問わず、心にそっと寄り添ってくれる絵本の魅力を、これからもお伝えしていきたいです」と、語っていました。

旭川市中央図書館／旭川市 (あさひかわし)

知らなかった、こんな旭川
NHK旭川放送局編著／中西出版／2013年

内容／明治から平成に至る旭川の懐かしい画像や新聞記事などを駆使して、街角の移り変わりとそれにまつわる、とっておきのエピソードを紹介している本。親しみやすい語り口で往時の町の様子を読者の眼前によみがえらせてくれます。見慣れた風景を、好奇心そそる未知の光景へと変え、街ブラがより楽しくなります。

推薦理由／地域の人々が郷愁と共感を持って語る回想や過去の風景には、郷土の特質と希望が反映されています。それは地域の魅力の貴重な源泉の一つ。この本は、本館所蔵資料も含め、懐かしい写真や忘れかけられていた出来事を丹念に発掘・紹介しています。今につながる「旭川ってこんなとこ」が凝縮された必携の1冊です。

旭川市末広図書館／旭川市 (あさひかわし)

別冊モトクラシー創刊号
合同会社ココ企画発行／2022年

内容／北海道の、主に旭川市や東川町、及びその近隣市町村を中心としたガイドブック。「美味しいものたべたい」「お買い物したい」「体験したい」「甘いものたべたい」などテーマ別におすすめのお店や場所などを紹介しています。

推薦理由／有名な観光スポットや行列のできる名店ではなく、地元の方だから知っている素敵なお店や場所などを紹介していて、旅行客や帰省した人などはもちろん、地元の人も楽しめます。それぞれの地域についてのコラムや写真も素敵です。

旭川市永山図書館／旭川市 (あさひかわし)

宮沢賢治「旭川。」より
あべ弘士著／BL出版／2015年

内容／大正12年8月、宮沢賢治は旭川を訪れています。農学校の教師だった賢治は教え子の就職先を探して樺太へ向かう途中でした。夜行列車は早朝5時に旭川に到着。昼には稚内へ発つわずかな滞在でした。賢治はその印象を「旭川。」という詩に残し、それを元に旭川の絵本作家あべ弘士が創作を加えて作った絵本です。

推薦理由／早朝の旭川に降り立った賢治は辻馬車を雇い、街を駆けます。落葉松やポプラ並木を過ぎ、騎馬の隊列が横を過ぎていく。馬車の振動に身をまかせる賢治の目に旭川はどんなふうに映ったのでしょう。現在にもその面影を残す異国風の街なみ、早朝の冷涼な空気感の伝わります。

宮沢賢治「旭川。」より

旭川市東光図書館／旭川市（あさひかわし）

旭川、こどものあそび点景（旭川叢書第33巻）
堀川真著／旭川市中央図書館編／旭川振興公社発行／2011年

内容／絵本作家でもある著者が、幼年期を旭川で過ごした人たちに「こどもの頃、どんな遊びをしていましたか」と問いかけ、それぞれの言葉で語ってもらった1人ひとりの思い出の遊びを書き（描き）取った本。地区別に45人の遊び点景が掲載されていますが、「こども時代索引」もあり、自分と同時代の思い出を拾い読みすることもできます。

推薦理由／こどものあそびには、自然や社会の変化が反映されるものですが、本当に狭い地域・短いスパンで流行が移り変わり、その種は記憶の中に消えてしまいます。昭和2年〜平成21年頃の体験を語る文章に添えられたイラストと、補足の手書き文字が温かく、時代や地域に特有の事柄も脚注で理解しながら、たくさんの人が楽しめる本です。

旭川市神楽図書館／旭川市（あさひかわし）

優佳良織作品集　北海道手織つむぎ
木内綾、木内和博共著／優佳良織作品集編集委員会編／東京美術／1980年

内容／優佳良織（ゆうからおり）は、北海道の美しい自然と気候風土をモチーフに、旭川出身の染織家・木内綾氏によって生み出された織物です。本書は作者自身による詳細な作品解説が収録されています。

推薦理由／2016年に運営会社の経営難により、存続が危惧された優佳良織ですが、現在は有志により工房として継承されています。旭川から誕生し、世界的にも認められた優佳良織の美しさを知っていただきたいと思います。

市立士別図書館／士別市（しべつし）

士別よもやま話　正続合本 復刻拡大版
士別市郷土研究会編・発行／2008年

内容／北海道最北で最後の屯田兵が入植し、開拓の鍬がおろされた士別市。先人の方々から語り継がれた開拓前後から大正、昭和の戦時、戦後復興期に至るまでの当時の人々の暮らしや農産業の歩みなどをまとめた資料です。語句や表現は発行当初のままとし、文字を大きく読みやすく再編した復刻合本版です。

推薦理由／市史や行政の刊行物では掲載されることのない、こぼれ話を集めて、市民をはじめとする執筆者の手によりわかりやすい文体で綴られ、世代を問わずに読みやすい内容となっています。屯田兵家族や各地域での座談会から集められた当時の人々の真実の思いと本音が綴られている貴重な逸話集です。

市立名寄図書館／名寄市 （なよろし）

写真集なよろ戦前編
尾崎良智編著／学海堂書店／1986年

内容／懐かしい名寄の風景を紹介した写真集。明治から昭和初期の街並みや人々の暮らしの様子など、時代の移り変わりをリアルに感じ取れます。

推薦理由／住んでいるだけではなかなかその街の歴史を感じることはありません。古い建物は壊され、記憶からも消えていきます。そんな流れの中、写真は歴史の一部を切り取り、そのままの姿を後世へと伝えてくれます。ぜひ手に取り、名寄の歴史を感じてみてください。

市立富良野図書館／富良野市 （ふらのし）

フラノマルシェの奇跡　小さな街に200万人を呼び込んだ商店街オヤジたち
西本伸顕著／学芸出版社／2013年

内容／TVドラマ『北の国から』で有名観光都市となった富良野市。郊外は観光客で賑わう一方、中心市街地にはその姿が見られない。富良野をこよなく愛する「まちづくりの素人」たちが立ち上がった！さまざまな壁を乗り越え、フラノマルシェの奇跡を呼び起こすまでの物語。

推薦理由／富良野の未来に対する「責任世代」を自負するオヤジたちが居酒屋談義を繰り返しながら作り上げたまちづくり計画。人口約2万3000人の小さなまちで3年間に200万人を集める「フラノマルシェ」。開設以後、中心街の賑わいが復活。経済的効果にとどまらず、市民の心にも「なにかアクションを起こそう」という意欲が芽生えました。

フラノマルシェの奇跡

鷹栖町図書室／鷹栖町 （たかすちょう）

いつものたかす
鷹栖町のみなさん、地域おこし協力隊 林歩実制作／鷹栖町発行／2022年

内容／「鷹栖町の日常」をテーマにした1冊です。「料理編」と「景色編」に分かれており、「料理編」では鷹栖町で長く作り続けられている料理、鷹栖の食材を使った料理など、レシピだけでなく、作った方の思いも綴られています。「景色編」では町民がおススメする四季折々の自然や風景を見ることができます。

推薦理由／鷹栖町地域おこし協力隊の林歩実さんが約1年半かけ、59組の町民に取材を重ねできあがりました。鷹栖町の魅力や素晴らしさが、鮮やかなカラー写真と感性豊かなテキストで綴られています。鷹栖町図書室や鷹栖町役場で無料配布していますので、ぜひご覧ください。

東神楽町図書館／東神楽町 （ひがしかぐらちょう）

雑誌『HO（ほ）』
ぷらんとマガジン社／2004年創刊

内容／特集ではないのですが、東神楽町もときどき紹介されています。
推薦理由／道内各市町村の観光、グルメ雑誌です。

当麻町立図書館／当麻町 （とうまちょう）

蟠龍伝説　ふるさと絵本
笠井稔雄監修・文／朝倉るみ子・絵／当麻町・当麻町教育委員会発行／1993年

内容／当麻町にある「当麻鍾乳洞」にまつわる言い伝えである「蟠龍（ばんりゅう）伝説」を絵本として製作したものです。この他に当麻町のむかし話が5話収められています。
推薦理由／当麻町を題材にした本として真っ先にでてきたのがこの本でした。当麻町百年を記念し、子どもの郷土愛育成と町の文化振興を目的に作られました。『蟠龍伝説』はいつまでも町が語り継ぐべき絵本です。

比布町図書館／比布町 （ぴっぷちょう）

比布100選ふるさと紀行　比布・大地と四季の写真選集
比布町役場企画課編／比布町発行／1995年

内容／比布町が平成6年に開町100周年を迎えるにあたり、町を代表とする史跡や文化、自然の事例を一般公募して選ばれた写真選集。先人が築いた郷土の歴史や景観を次世代へ受け継ぐとともに、比布町を足元から見つめ直し、さらに文化に富んだ「ふるさと」をつくるため企画し制作された比布町の魅力が網羅されています。
推薦理由／この1冊に故郷のイメージ・自然・史跡・伝説などの100点の写真が収められ、それに解説が書き加えられて、付録には地図が付いています。町史とは違う役割として、比布町の歴史や名勝、場所などを伝えられる唯一無二の図書です。

愛別町公民館図書室／愛別町 （あいべつちょう）

PRO JP01　愛別町きのこ
総合商研編／愛別商工会企画・発行／2022年

内容／北海道発掘マガジン。ひとつのカテゴリーを絞り込んで、深く紹介するPROシリーズの第1号が「愛別町きのこ」です。
推薦理由／愛別町の主要産業であるきのこについての詳しい解説や産業情報もあるほか、栄養、調理についてもふれられています。また、観光・特産情報、アクティビティ施設の情報なども掲載されており、町の魅力がつまった1冊です。
＊2023年1月、2号が刊行。「PRO」とは「プロフェッショナル」を意味します。

上川町公民館図書室／上川町（かみかわちょう）

KAMIKAWORK 第2弾1号
カミカワーク編集部編・発行／2020年

内容／『KAMIKAWORK』では、上川町同様、冬が長いフィンランドで、ビジネスのヒントや冬の楽しみ方など暮らしについての記事を掲載しています。また、新しいビジネスへの挑戦や、居住地に捉われない地域との関わり方など、上川町に広がっている多彩な生き方についての情報も紹介されています。

推薦理由／上川町が発行する『KAMIKAWORK（カミカワーク）』は、フリーペーパーとして2020年度グッドデザイン賞（主催：公益社団法人日本デザイン振興会）を受賞し、高い評価を得ました。

東川町複合交流施設せんとぴゅあⅡ「ほんの森」／東川町（ひがしかわちょう）

東川スタイルマガジン vol.0　MAKERS つくり続けるもの
玉村雅敏、小島敏明、柳澤奨一郎、初瀬川晃編／写真文化首都「写真の町」東川町・東川スタイル課監修／東川出版／2019年

内容／2016年に出版された書籍『東川スタイル』を受け継ぎ、改めて東川スタイル＝先人たちによって培われてきた「東川らしさ」をじっくり掘り下げる雑誌として出版。代々東川で暮らしてきた人、移住者、Uターンなどそれぞれの視線で語られる8組のインタビューを中心に、開拓期の貴重な写真も掲載しています。

推薦理由／東川町で暮らし・働く人々のお話を通し、町の魅力を伝えています。創刊号である本書は「MAKERSつくり続けるもの」を主題とし、それぞれが持つ「東川スタイル」とは何かを知ることができます。東川町でものづくりをしてきた人々の豊かな経験と情熱を感じることができます。

美瑛町図書館／美瑛町（びえいちょう）

びえいのコト。創刊号
びえいデザイン室編・発行／2021年創刊

内容／創刊号テーマは「びえいの年輪」。表紙は、地元に根付いた火祭りの松明。裏表紙は、郷土芸能で活躍する青年の雄姿を飾っています。有名な「青い池」や「パッチワークの丘」などは掲載されていません。地元の生活者に光を当て、町民の思いに耳を傾けたインタビュー記事に鮮やかなポートレートが添えられています。美瑛に暮らす生活者の言葉・目線から、この町の「いま」を浮き彫りにして「これから」を考えたくなります。

推薦理由／編集・発行者から伺った言葉に「自分たちの町をもう一度見つめて、残していかなければならないこと・変化していかなければならないことを考えてみたい」というものがありました。美瑛在住のクリエイターたちが、自分たちのスキルを持ち寄って作ったこの本は、観光のPR誌ではなく、お店の宣伝もしていません。町民の当たり前の営みを丁寧に取材し、ここに暮らす人々の息遣いがハッキリと伝わってくる誌面に、心を動かされます。

上富良野町図書館ふれんど／上富良野町 (かみふらのちょう)

十勝岳だいふんか　〜未来へつなげよう〜
読みきかせ会ムーミン制作／菅井茂樹・絵／石田製本発行／2018年

内容／上富良野町の歴史において重大な出来事である大正15年の十勝岳噴火と、その災害からの復興について記した紙芝居と絵本。

推薦理由／災害からの復興のあり方は当時町を二分して議論されました。町の復興を諦めない先人の強い思いを礎に、今の上富良野があることを後世に伝えたいです。

中富良野町図書館／中富良野町 (なかふらのちょう)

ナカフライフ　The first issue　Living in Nakafurano Hokkaido
なかふらの観光協会発行／2022年

内容／なかふらの観光協会が中富良野町に興味がある企業や移住希望者に配布した広報紙です。観光スポットや美しい自然、住民や中富良野町に関係する著名人のインタビューなど中富良野町の魅力をたくさん紹介しています。

推薦理由／中富良野町の魅力がギュッとつまっています。富田ファームや雲海が見える北星山展望台など、四季折々の美しい風景を切りとった写真がたくさん載っています。

南富良野町公民館図書室／南富良野町 (みなみふらのちょう)

リボンちゃんとめぐる北海道179市町村
征矢真一著／えいれいしゃ／2022年

内容／北海道179市町村のまちの魅力を紹介しています。

推薦理由／本町の観光資源等の紹介もされています。

占冠村公民館図書室／占冠村 (しむかっぷむら)

広報しむかっぷ
占冠村企画商工課編／占冠村発行

内容／村の出来事、住民へのお知らせ等を掲載している村の広報誌です。

推薦理由／占冠産メープルシロップは村の特産品です。とても美味しいです。

和寒町立図書館／和寒町 (わっさむちょう)

凍裂のひびき　和寒町民逸話集
凍裂のひびき　和寒町民逸話集 昭和・平成編
和寒町民逸話集編集委員会編／和寒町教育委員会発行／1993年、2005年

内容／和寒の歴史や風景、それにまつわる人々の生活などのお話を和寒在住またはゆかりのある方からお寄せいただいた逸話集です。

推薦理由／町の歴史がわかる貴重な資料です。

剣淵町絵本の館／剣淵町（けんぶちちょう）

けんぶち町・郷土逸話集　埋れ木　全三集
郷土逸話集「埋れ木」編集委員会編／剣淵町教育委員会発行／第一集1986年、第二集1987年、第三集1991年

内容／剣淵町の先人のみなさまにうかがった戦後までの実体験と心象を資料としてまとめたもの。開拓の苦難、家族との思い出、当時の暮らし、農業の歩み、戦争の記憶、楽しかったこと、大変だったこと……全三集合わせて200名を超える証言者が語る内容は、驚くほど多岐にわたります。

推薦理由／第一集の巻頭で、当時の大澤町長が「『埋れ木』と『剣淵町史』により本当の意味の町史が明らかにされると言っても過言ではない」と述べていますが、まさにその通りの、先人のみなさまの息遣いを感じられるような貴重な逸話集です。

下川町民会館図書室／下川町（しもかわちょう）

向かい風で飛べ！
乾ルカ著／中央公論新社／2013年（中公文庫2016年）

内容／二人の少女の成長物語です。札幌から小さな町に転校してきた小学5年生の「さつき」は、スキージャンプの天才少女と呼ばれる「理子」に誘われジャンプを始めます。

推薦理由／作者が「ジャンプ少年団」の練習や大会に同行し、下川町をモデルに創作した物語です。アットホームな少年団の雰囲気や、ロープリフトと4つのジャンプ台があるスキー場など、下川町ならではの風景が登場します。

向かい風で飛べ！

音威子府村公民館図書室／音威子府村（おといねっぷむら）

音威子府村取扱説明書
音威子府村経済課産業振興室編・発行／2021年

内容／音威子府村の観光マップ最新版です。取扱説明書風に作られており、初めて音威子府を知る人や地元の村民も楽しめるようなローカルな部分もあり、手に取りやすく、面白味を感じる1冊です。

推薦理由／地元を紹介できる1冊となると、やはり地元で作成した観光マップです。大人も子どもも楽しめます。

音威子府村
取扱説明書
書影提供
音威子府村

中川町中央公民館図書室／中川町 （なかがわちょう）

Living in Nakagawa　北海道中川町の仕事と暮らし
北海道アルバイト情報社編／中川町産業振興課産業振興室発行／2022年

内容／中川町の魅力を発信し、中川町への移住
や就職を希望してもらえるような内容。求人情
報を中心に中川町移住の助成や支援について掲
載しています。
推薦理由／中川町は年々、人口の減少が激しく
高齢者の割合が高くなってきているので、中川
町の魅力を知ってもらい、中川町に移住してく
れる方が増えてくれたらと思います。

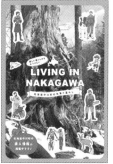

Living in
Nakagawa
書影提供　中川町

幌加内町生涯学習センターあえる97図書室／幌加内町 （ほろかないちょう）

ほろかない＋（plus）遊びに、暮らしに、ほろかないをプラス！
幌加内町観光協会発行／2012年頃創刊

内容／特産物や施設、お店、自然など幌加内町
の魅力がたくさん見られる資料です。
推薦理由／この1冊を見れば、幌加内町のどこ
に行けば良いのかなど観光客の方にも分かりや
すいです。

ほろかない＋（plus）
遊びに、暮らしに、
ほろかないをプラス！
書影提供　幌加内町

アイヌ民族を知らない
子どもに知ってもらう絵本

幼児からアイヌ民族のお話を楽しめる絵本
『アイヌのむかしばなし　ひまなこなべ』

萱野茂・文／どいかや・絵／あすなろ書房／2016年

　アイヌ民族の自然観・世界観を伝えるページがは
じめにあり、お話がスムーズにはいります。

　クマの神さまが、アイヌ（人間）の国に降りてきて、
おもてなしの宴で踊りの上手な若者に出会います。
クマ神はその若者の正体が知りたくて何度もその家
を訪れます。さてその若者の正体は？

小学生がアイヌ民族について知ることのできる絵本
『アイヌ　ネノアン　アイヌ』

萱野茂・文／飯島俊一・絵／福音館書店／1992年

　アイヌ文化伝承者の萱野茂さんが、二つの昔話と、
衣食住、歴史、アイヌ語地名などをコンパクトに紹
介したアイヌ文化の入門絵本です。

　『アイヌ　ネノアン　アイヌ』は「人間らしい人間」
の意味です。「行いのいい人になるんだよ」母さんが
繰り返し伝えた言葉でした。

　寝る時におばあさんがウウェペケㇾ（昔話）をアイ
ヌ語で語ってくれたそうです。昔話がアイヌの世界
観をわかりやすく伝えています。

　アイヌ民族の絵本の魅力は、昔話や世界の先住民族の民話に共通していて、
大事にしたい考え方や想いがつまったお話が元になっているところです。

　語りつがれた口承文芸のアイヌ民族のお話は、暮らし方、生き方、世
界観がたっぷり含まれていて魅力的です。今回ご紹介した昔話（ウウェ
ペケㇾ）の他に、神謡（カムイユカㇻ）などもあり、大人から子どもま
で楽しめます。

（こども冨貴堂　山本公美）

こども冨貴堂　旭川市7条通8丁目買物公園　TEL　0166-25-3169

＊絵本・児童書・詩集・エッセイ・自然関係・子育て・生き方などを中心に揃えています。
　店内奥には小さなギャラリーもある可愛い書店です。

「図書館」「図書室」
「図書コーナー」等
の違いについて

　「図書館」「図書室」「図書コーナー」等の名称については、法律や地方自治体の条例上・行政機構上の位置づけによって異なってきます。

　「図書館法」及び地方自治体の図書館設置条例等に基づき設置されている施設を一般には「公立図書館」と総称しています。行政機構上は、教育委員会事務局の社会教育や生涯学習の担当部課による所管が一般的です。ただし、施設の名称は「図書・情報館」など、必ずしも「図書館」に限定されるわけではありません。

　一方で、「図書館法」には基づかないものの、地域住民からすると「公立図書館」に相当する機能やサービスを果たしている施設として「図書室」「図書コーナー」等（例えば、〇〇公民館図書室、〇〇コミュニティセンター図書コーナー等）があります。行政機構上は、必ずしも教育委員会事務局所管とは限らず、産業振興課や住民課等が所管する施設の場合もあります。地方自治体によっては、「図書館法」には基づかないものの、施設の名称に「図書館」と付けているケースもあります。「図書館法」には、同法に基づかない施設に「図書館」という名称の使用を制限する規定はありませんので、どのような名称を付けるかは、地方自治体の判断ということになります。

　同一の地方自治体内に「公立図書館」と「図書室」「図書コーナー」のいずれかが設置されていることもありますし、両者が設置されていることもあります。なお、近年は、地方自治体による直営ではなく、指定管理者制度などを導入し、民間事業者等に運営を任せるケースもあります。

（専修大学文学部　野口武悟）

留萌
るもい

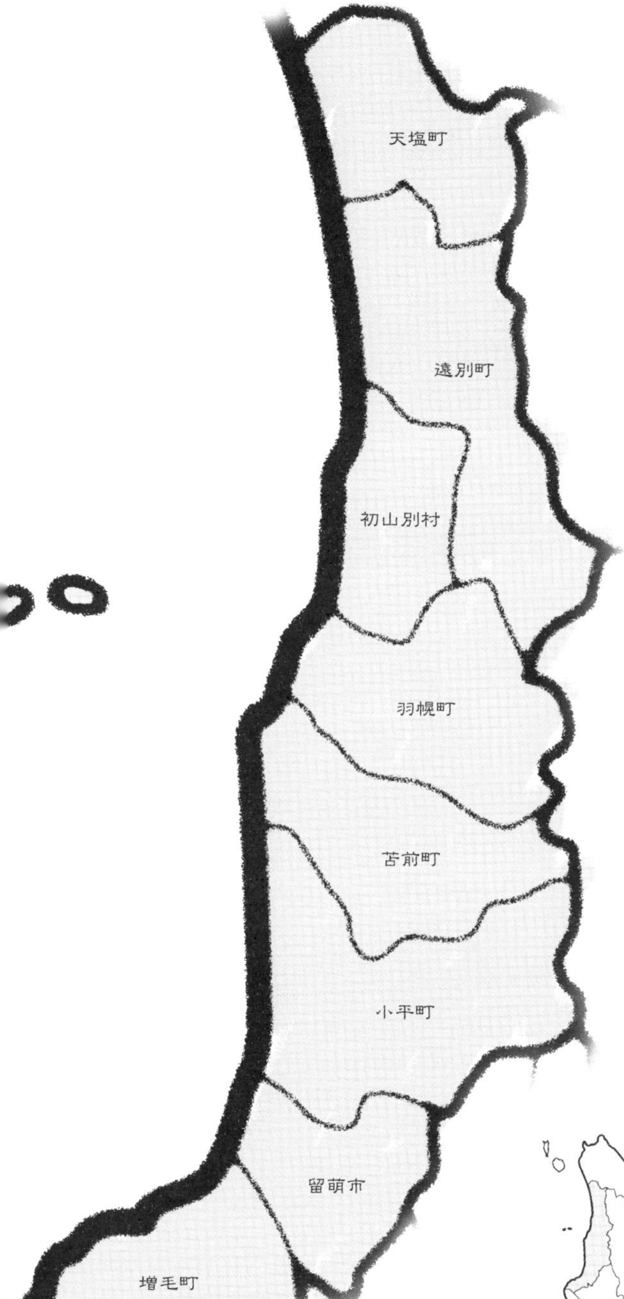

天塩町

遠別町

初山別村

羽幌町

苫前町

小平町

留萌市

増毛町

留萌図書館と三省堂書店は二人三脚

市立留萌図書館
伊端隆康さんに聴く

■留萌市プロフィール

　留萌市は札幌から北西に約150キロ、日本海に接し、ハートの形をした人口約2万人の町です。小樽から稚内をつなぐ「オロロンライン」の中継地点で、真冬の北海道内の天気予報では必ず留萌の吹雪が報道されます。カズノコなど水産加工業が盛んです。

■市立留萌図書館プロフィール

　1950年開館、1992年に現在の図書館がオープンしました。蔵書は約9万冊。留萌図書館は指定管理者が運営をしています。2002年財政難のなか、留萌市は行政改革でスポーツ施設をNPO法人留萌スポーツ協会に業務委託しました。2006年、スポーツ・文化施設を指定管理にし、2009年、図書館も加えて指定管理を一本化しました。2022年現在、留萌スポーツ協会が指定管理者として運営しています。札幌から高速バスで約3時間。「合同庁舎前」下車、徒歩5分ほどです。

三省堂書店誘致支援とその後の連携

　2010年、地元唯一の書店が倒産しました。翌年春、主婦を主体とした書店誘致運動が始まり、その活動を図書館が全面支援します。同時期、三省堂書店札幌店は新学期に向けた出張販売を留萌市で行いました。そこで「三省堂書店を留萌に呼び隊」が結成されます。図書館はこの「呼び隊」の作戦会議の場として会議室を提供、事務局として全面サポートしました。2か月で三省堂メンバーカード

に市民2500人が登録します。その熱意によって2011年7月、留萌ブックセンターby三省堂書店がオープンしました。

　誘致活動は全国的に話題となり、メディアが大々的に報道して留萌市の知名度アップにもつながります。2022年で開店から11年が経過します。「呼び隊」から改称した「応援し隊」は現在も、本の出張販売や朗読会、ビブリオバトルなどさまざまなイベントを企画し、活動を続けています。

　図書館と三省堂書店は連携して、学校図書館対象のブックフェアを年に2回開催し、市内小中学校の学校図書館職員からの課題や要望などにも応えています。選書に悩む教職員は多く、実際に手に取って選書できるブックフェアの開催意義はとても大きいと言えます。伊端さんは図書館と書店の必要性について「大切なのは本に親しむ市民が増えること」とし「借りてよし、買ってもよし」と語ります。

2022年風船ゲートを作って11周年を祝福
（写真提供：留萌ブックセンターby三省堂書店）

見晴分館の開設

　留萌バスターミナルから徒歩18分ほどの場所に留萌市中央公民館があります。2009年、公民館内の空きスペースに図書館分館が開設されました。留萌スポーツ協会は公民館の指定管理者でもあり、独自の発想で分館を設置しました。運営経費はすべて留萌スポーツ協会が負担しています。複合施設なので利便性はとても高く、窓口対応を行う職員は同協会のスタッフなので新たな人件費は発生しません。本館と分館の予約本などの回送はほとんど伊端さん自ら行っているそうです。なお、廃校になった学校図書館の書架をリサイクルして使っています。

生活困窮世帯への学習支援と「寺小屋るもいっこ」

　留萌市の福祉政策として生活困窮世帯の中学生の学習支援を行っています。図書館の会議室で2018年度までに8名の中学生が週に一度、数学と英語の学習指導を受けたそうです。他方、市長の政策として小中学生対象の無料塾を「寺子屋るもいっこ」と銘打って、土曜日の午後に図書館で開設しています。講師は地域の元教師、元塾講師です。基礎学力向上、つまずき解消が目的で、読書感想文のアドバイスも行っているそうです。

「読むシネマ」の開催

　留萌図書館には、市民から続々と寄贈された映画パンフレットがなんと1443

点所蔵されています。その中には伊端さんご自身による寄贈も含まれています。「読むシネマ」展として開催したことが話題となり、寄贈が相次いだそうです。今後どのように企画を継続していくか、伊端さんの大きなテーマとなっています。図書館内の作業室に所狭しと、パンフレットが収納されているボックスがあります。まさにお宝です。

「るもいってこんなマチ」展

　転入期の4月から5月連休まで、留萌市の変遷や出身著名人を紹介する展示を行っています。歴史年表、観光情報、留萌の関連図書、産業やグルメの案内に加え、『オロロンまっぷ』（留萌観光連盟発行）など冊子の配布も行い、情報展示は多岐にわたります。配布物はとても人気があり、終了する頃にはほとんど無くなってしまうそうです。『オロロンまっぷ』は天塩から増毛まで留萌管内の町ごとに作られているので、オロロンラインをドライブする際には必須です。

「るもいってこんなマチ」
（写真提供：市立留萌図書館）

『オロロンまっぷ』（2021年版）
＊最新版（2022年版）は公式HPで見られます。
なお『オロロンまっぷ』宗谷版もあります。

伊端隆康さんプロフィール
留萌市出身。本州の企業で働いた後Uターン。留萌新聞社記者を経てNPO法人留萌スポーツ協会専務理事（現在は理事長）。2009年、市立留萌図書館長に就任。

取材メモ

伊端さんは図書館以外の管理業務も行っていますが、図書館や出版にはとても情熱があります。お会いすると、「最近出版業界どう？読書環境は大丈夫か？」といつも注視しています。
記者時代、図書館は取材先であり、調べごとなどでもよく利用していたそうです。2010年からの数年が留萌の読書環境の大きなターニングポイントだったかもしれません。12年が経過して、とても定着しているように感じます。

市立留萌図書館／留萌市 (るもいし)

るもい地方の文学をたずねて
高橋明雄著／留萌新聞社／1987年

内容／留萌地方（留萌振興局）の市町村の様子が描かれた小説、ルポルタージュ、紀行文など50作品を郷土史家の高橋明雄さんが紹介しています。高橋さんは当時、留萌工業高校の教員。地元紙（日刊留萌新聞）の「企画もの」として2か月間にわたり連載したものを、のちに冊子にまとめました。
推薦理由／石原慎太郎の『刃鋼』、吉村昭の『羆嵐』など著名な作家の作品に加え、留萌にゆかりのある作家や地元ペンクラブの会員の作品を網羅しており、まさに留萌沿岸の「風土と人々の暮らし」が感じられます。当時地元新聞でこの企画を担当したのが私自身（留萌図書館長）で、手前味噌の推薦となりましたが、地元の魅力を知る1冊として太鼓判。

増毛町総合交流促進施設 元陣屋図書室／増毛町 (ましけちょう)

シュシュシナイの権六狸
高橋明雄著／みやま書房／1981年

内容／「増毛や留萌は民話不毛の地」とされていましたが、それにあえて挑戦し、採集した開拓民話集。アイヌ民話や歴史の裏面にまつわる民話論も収録されています。
推薦理由／北海道遺産に指定された増毛山道が舞台の話や、増毛アイヌと礼文アイヌのたたかいの話など、古い時代の増毛が生き生きと表現されています。

苫前町公民館図書室／苫前町 (とままえちょう)

羆嵐
吉村昭著／新潮社／1977年（新潮文庫1982年）

内容／冬眠の時期を逸した羆がわずか2日間に6人の男女を殺害した、実際の事件を元にしたドキュメンタリー風長編小説。
推薦理由／全国的に有名な三毛別羆（さんけべつひぐま）事件を元にしたノンフィクションに近い小説です。ひとつの物語として事件に触れるきっかけになればと思います。

羆嵐

羽幌町立中央公民館図書室／羽幌町 (はぼろちょう)

君に届け　全30巻　（マーガレットコミックス）

椎名軽穂著／集英社／2006〜2018年

内容／陰気な見た目で「貞子」と呼ばれている少女、黒沼爽子が北幌高校での学園生活を通して、かけがえのない恋と友情を、悩みながらも育んでいく学園青春ストーリー。第32回（2008年）講談社漫画賞受賞。2009年にはアニメ化、2010年には実写映画化されました。

推薦理由／作者の椎名軽穂さんは羽幌町出身で、作品中に羽幌町の建物や風景がたくさん登場します。舞台となった北幌高校は羽幌高校の校舎を模しており、そのほかにも神社、ビーチ、S字の橋など、地元民には「！」ポイントがいくつもあります。当図書室の向かい側の建物も登場しています。登場人物の北海道っぽい話し方や作品の温かさとともに実際の風景を楽しんでいただけたらと思います。

＊2023年春、実写ドラマ化。

君に届け　第1巻

初山別村自然交流センター図書室／初山別村 (しょさんべつむら)

綺羅星列伝　星々の物語

初山別村編・発行／2008年

内容／最北の天文台を有する初山別村ならではの星名付けシステム「マイスターズシステム」。美しい星空を誇る初山別村で保管している星々につけられた名前と、名付けの経緯を1冊にまとめた資料です。

推薦理由／無数の星にひとつひとつ託された願いや想い、あるいは過去の記憶。平成20年までに星々に名前をご登録いただいたみなさまのマイスターズシステムに係る星物語253編は、名付け人の人生の一部に触れられる資料になっています。

綺羅星列伝
星々の物語
書影提供
初山別村自然交流
センター図書室

遠別町生涯学習センターマナビィ・21図書室／遠別町 （えんべつちょう）

鷲たちとボクの30年
泊和幸著／北海道新聞社出版局製作協力／2010年

内容／遠別川流域と利尻富士をのぞむ
日本海オロロンラインをフィールドに、
海ワシたちの生態を追い続けた泊和幸
氏の写真集。

推薦理由／遠別町が北海道のどの位置
にあるかを地図で最初に示した後に、
遠別川流域に棲む海ワシなどの動物の
生き生きとした暮らしぶりを写真で追っ
ていけるため、遠別町に詳しくなくて
も動物が好きな方なら興味を持ちやす
く、親近感を抱いていただきやすいと
思います。

鷲たちとボクの30年

書影提供　遠別町生涯学習センターマナビィ・21図書室

天塩町社会福祉会館図書室／天塩町 （てしおちょう）

新編天塩町史
新編天塩町史編纂委員会編／天塩町発行／1993年

内容／天塩町の先史時代から開拓期、戦前戦後そして現在に至るまでを先人のみなさま
の実体験、心象を資料としてまとめたもの。開拓期の苦難、当時の暮らし、農業漁業の
歩み、戦時中の様子など多くの新発見をもとに執筆されたもので、新たなる時代を生き
ようとする私たちの心の糧となり、明日を築く強き精神、文化を創造する活力を生み育
てる場という思いで編纂されたものです。

推薦理由／当時の町長の「豊かな郷土てしお」を築きたい、という熱き思いから企画・
編纂された1冊。編纂するにあたって地域ごとに「天塩の歴史をかたる会」を開催し、
各家の「生活の譜」を記録し住民一人ひとりの歩みをたどっていることから、詳細且つ
鮮明に当時の様子が描かれています。

「北方資料」の収集はみなさんと共に

北海道立図書館では、北海道や旧樺太・千島列島及びその周辺地域に関する資料を「北方資料」と名辞し、地域資料として網羅的な収集に努めています。対象とする資料は、図書や雑誌・新聞に限らず、パンフレットやリーフレット、映像資料や音声資料、チラシや絵葉書など多岐にわたります。

道内各地で出版されるこれらの情報を得るためには、あらゆるメディアやインターネット情報を小まめにチェックしますが、一般には販売（流通）しない資料も多く、困難を極めます。

「北方資料」の収集を担当していた当時、出版情報を得るために有効なツールは各図書館のWeb OPAC（インターネットで蔵書を検索できるシステム）であることに気づきました。道内各図書館のホームページにアクセスして、自治体名や字名（あざめい）のほか、「記念」「周年」「年史」「創立」「あゆみ」「学校」「連盟」「協会」「組合」などをキーワードに検索する

と、収集されていない地域史や学校、企業、団体の記念誌など、多くの資料が見つかりました。やはり地域資料の収集は地元にはかないません。

見つけた資料は寄贈依頼をして入手することになりますが、出版者（つくられた方）の連絡先が判明しないものがあり途方に暮れました。

これらについては、地元の図書館の方々に、資料の奥付などから連絡先を調べてもらったり、未登録分を譲ってもらったり、改めて収集して送ってくださった図書館もあり、たくさんのお力添えをいただきました。市町村のみなさんには感謝の念に堪えません。

今でも、みなさんの図書館に伺ったときは、役所（役場）や観光センター、道の駅にも立ち寄り、リーフレットやパンフレットを集めて持ち帰ることが習慣となっています。

市町村における積極的な地域資料の収集が、道立図書館の「北方資料」の充実にもつながっています。

（北海道立図書館　宮本　浩）

宗谷

そうや

稚内市

猿払村

豊富町

浜頓別町

幌延町

中頓別町

枝幸町

文町

利尻富士町

利尻町

樺太への
思いを大切に

稚内市立図書館
白坂孝さんに聴く

■稚内市プロフィール

　稚内市は、人口約３万2000人の日本最北端の町です。東はオホーツク海、西は日本海に面し、宗谷岬から北に43km離れたサハリン（旧樺太）の島影を望む国境の町です。

　1685年、松前藩が宗谷に藩主直轄の宗谷場所を開設、1879年、宗谷村に戸長役場が置かれました。1905年、南樺太が日本の領土となり、1923年、稚内－樺太間に定期航路が開通しました。

　水産、酪農、観光産業が盛んです。稚内ブランドとして「宗谷黒牛」というブランド牛を育てています。「てっぺんわっかない」という言葉は、稚内観光情報のFacebookでも使われています。

　稚内といえば、稚内港北防波堤ドームも有名でしょう。船入間からハシケで沖泊まりしている連絡船に乗船していたものが、1936年北防波堤ドームの建設により、接岸した連絡船に直接乗り降りできるようになりました。70本の円柱は古代ローマ建築を思わせる美しいデザインなので、訪れると必ず写真を撮りたくなります。「北海道遺産」に指定されています。

■稚内市立図書館プロフィール

　稚内市立図書館は1949年に市制施行と共に開館しました。その後二度の移転を経て、2003年、現在の場所にオープンしました。JR南稚内駅から徒歩10分ほどです。ワンフロアの開放的な造りです。蔵書は約23万冊です。樺太資料を積極的に収集しています。

樺太関連の催しと資料収集

映画『樺太1945年夏 氷雪の門』の上映会

　1945年終戦によって樺太からたくさんの日本人が引き揚げてきました。そこで、図書館では毎年 8 月に、映画『樺太1945年夏 氷雪の門』の上映会を行っています。コロナで夏に上映できなかった場合は、秋に上映会を行うほどでした。既に10年ほど上映していますが、毎回大勢の市民が来館するそうです。この映画は、樺太出身の金子俊男著『樺太一九四五年夏 樺太終戦記録』（講談社 1972年）を原作として製作されました。あいにく1974年全国公開直前に急遽中止となり、しばらく公開されることはありませんでしたが、ようやく2010年に全国公開となった作品です。

郷土資料展示「絵はがきに見る樺太の先住民族」
図書展示「樺太関係小説展」開催

　2021年には、図書館を会場に開催された「アイヌ工芸作品展」（主催アイヌ民族文化財団）に合わせ、郷土資料展示「絵はがきに見る樺太の先住民族」、図書展示「樺太関係小説展」を開催しました。映画『樺太1945年夏　氷雪の門』上映会に合わせて、秋まで行われました。

・レファレンス

　白坂さんに樺太関係でどのようなレファレンスを受けるのか尋ねてみました。「相続の関係で、樺太の元住民の子孫の方や法律事務所の方からの問い合わせが結構あります。樺太に住んでいたと確認の取れるものならどんな小さなことでも良いのでお願いしますというものです。樺太の病院などの所在確認もあります。他には一般的に地域や歴史に関することが多いです」と、頻繁にレファレンスを受けていることをうかがえます。最近では作家・林芙美子の樺太旅行についての問い合わせもあるそうです。2022年に『愉快なる地図　台湾・樺太・パリへ』（中公文庫）が刊行された影響があるかもしれません。

・資料収集

　「全国から樺太関連の問い合わせがくるので、対応できるようにしています。また市民からも樺太関連の催しを行うと反響がとてもあるので、新刊にはつねに注目しています」と話していました。
　2020年に刊行された『スパイ関三次郎事件 戦後最北端謀略戦』（佐藤哲朗著 河出書房新社）について白坂さんにお聴きしてみると、「まさかこのようなことが起きていたとは？！」と驚いていました。本書によるとソ連の工作員として裁かれた関三次郎は、なんとアメリカ CIC（Counter Intelligence Corp ＝米陸軍防

謀部隊）のスパイだったという、誰も予想していなかったノンフィクションです。

「マッチ箱に見る昭和40年代の稚内」展

　「市民の方から寄贈された昭和40年代の稚内のお店のマッチ箱を展示しました。史料としても面白く、また、来館された方からもさらに寄贈があり楽しい展示でした」と白坂さんはにこやかに話してくれました。パッケージデザインは拡大して掲示もしたそうです。

　マッチ箱展は「あっ、この店知っているよ」など、来館者のコミュニケーションが広がります。道内各地でも行われています。マッチという存在を知らない世代も増えているので、とても貴重な展示です。

「わっかない図書館友の会」によるハロウィンとアイスキャンドル

　あいにくコロナで中止になった年もありましたが、2003年以降毎年行われている友の会会員、図書館職員、地域の方たちの協力で続いている大切な事業です。「わっかない図書館友の会」は現在の図書館がオープンした年に発足したボランティア団体です。図書館だけではなく、特別老人ホームへ訪問しておはなし会を開催するなど活発に活動しています。図書館まつりでのハロウィン・ジャック・オ・ランタン作成や2月のアイスキャンドル作りなどの活動を行っています。

　アイスキャンドルイベントとは、図書館の前庭含め市内各所で開催している催しです。地元大黒地区発展協議会、わっかない図書館友の会、大黒・末広まちづくり委員会が中心となり、市内の信用金庫職員や郵便局員など約30人が集まり、アイスキャンドル1000個を目標に作ります。そして図書館の前庭に高さ約4mのキャンドルタワーを雪で作り、キャンドルを飾っていきます。氷点下10度ぐらいの気温の中での作業ですが、白坂さんは毎年とても楽しみにしているそうです。

アイスキャンドル
（写真提供：稚内市立図書館）

白坂孝さんプロフィール
利尻島出身。2001年より稚内市立図書館に勤務。（一時期他の部署に異動したこともあるそうです。）

取材メモ　「稚内はとても風の強い町です。絶景が多いですね。そして樺太の催しが多いです。樺太関連のレファレンスは研究だけではなく、当地の生活に直結します。稚内市立図書館を使い倒して欲しい！」と、白坂さんの穏やかな口調の中に、とても芯を感じました。

町民の娯楽

BOOK 愛ランドれぶん

柴田圭さんに聴く

■礼文町プロフィール

　礼文町は、人口2400人ほどの礼文島唯一の自治体です。町民は主に礼文島東側で生活しています。西側の沿岸は車では移動できず、夏場にトレッキングできる道があるだけです。礼文島への訪問にトレッキングを楽しみにする観光客も多いです。

　礼文島は、稚内市の西方60kmの日本海に位置する最北の離島です。隣接する利尻島とは地形、地質、さらに生成時期などが異なります。南北29km、東西8km、面積は約82km²です。島内中央部の最高峰が礼文岳（標高490m）です。島の東側はなだらかな丘陵地が連続し、海岸線に向かってしだいに下降して海に達しています。一方、冬場厳しい偏西風を受ける西側は、切り立った断崖絶壁が連なっています。北部は平坦な丘陵地帯で久種湖周辺に低地が存在しますが、湿地帯となっているので、利用できる平地は多くありません。

　オホーツク海からの流氷の影響はほとんどなく、本州に比べると四季の変化に乏しい気候となっています。訪問した6月はオホーツク海高気圧の影響による濃い霧によって、ほとんど景色を見ることができませんでした。夏には約300種の高山植物が咲き乱れ、「花の浮島」として知られています。

　1685年に松前藩の直轄地として宗谷場所が開設され、礼文は利尻と共に付属場所とされました。1956年、香深村と船泊村が合併して礼文村となり、1959礼文町が誕生しました。

　1974年、利尻礼文サロベツ国立公園の指定は礼文島の大きな観光資源となりました。ウニやホッケなど水産業がとても盛んです。ウニはとても大きいです！

　礼文島へ訪れるには、稚内か利尻島からの船舶のみとなっています。以前は空路もあったのですが2022年現在休止しています。

書店と図書室の状況について、それぞれ詳しく柴田さんからお聴きしました。

書店

　入館するとすぐに書店コー
ナー、つまり販売用書籍が陳
列されています。但しこちら
では雑誌は取り扱っていませ
ん。雑誌管理は規模的に難し
いというのが実情です。文庫
や児童書、話題書などを販売
会社（取次）から仕入れてい
ます。施設の維持費、人件費
は町の負担によって運営され
ています。

　2020年の年間売り上げは
200万円ほど。約1800冊売れ

「愛」というフォントを大きく、「れぶん」という書体が良い！
（2022年7月撮影）

たそうです。オープンした1993年当時は400万円。旅行者が購入すると売上げが
激増し、600万円ほど売れた年もありました。トレッキングする時には、礼文島
の花のガイドブックを持って行きたくなるかもしれません。

図書室

　入館して奥に図書室があります。蔵書は約1万4000冊です。
図書室の利用はコロナ禍の直前まで年間2000人を超えていましたが、最近はコ
ロナ禍による休館の影響で600人ほどです。しかし貸出し冊数はそれほど減少し
ていません。

柴田さんは「高齢者の多い島なので、ご来館は減ったのですが、一人当たりの貸出し冊数が増えています。小さな島なので、いつもご来館していただく方の名前と顔を自然と覚えてしまいます」と説明してくれました。現在利用者カードは町民の10％ほどで

中央の柱より手前が書店。平積みは最小限
（2022年7月撮影）

す。書店と図書室では図書室の利用が多いそうです。

　礼文町には、小学校3校、中学校2校、道立礼文高校があります。「BOOK愛ランドれぶん」ではブックスタートや読み聞かせなども積極的に行っています。2016年にはマスコットキャラクター「れぶんぶん」も誕生しました。

柴田圭さんプロフィール
深川市出身。2013年礼文町に移住。礼文町教育委員会社会教育係勤務。「BOOK愛ランドれぶん」は社会教育係所管。

取材メモ

　柴田さんは、「島には本を手に取る場所がどこにもなく、もし手に取るなら稚内まで行かないといけません。島民の娯楽の代表格といえば釣りとトレッキングです。でも真冬は外出できる日が少ないです。『BOOK愛ランドれぶん』をPRするとともに、全町民の読書活動をもっと推進したいです。いずれワインを飲みながら『大人の読み聞かせ会』など、普段の『BOOK愛ランドれぶん』とは違う雰囲気を感じてもらえる企画をやってみたいです。町民のみなさんにもっと自由に出入りしてもらいたいし、楽しいことをやりたいです」と思いを語ってくれました。

　子どもの頃、深川市立図書館によく通い、図鑑を読む時のポイントを、司書に面白おかしく指導してもらったことで、知的好奇心が大いに掻き立てられたそうです。

　「BOOK愛ランドれぶん」は、たくさんの可能性を秘めています。

稚内市立図書館／稚内市 （わっかないし）

レラタウンわっかない　風のまち稚内
稚内北星学園大学佐々木ゼミ・鈴木ゼミ共同企画・編／稚内新エネルギー研究会発行／2004年

内容／「風の街」と呼ばれるほど、1年を通じて強い風が吹きつける稚内。その魅力でもあり、脅威でもある「風」をテーマに、歴史、産業、くらし、エネルギーなどさまざまな分野で、人々が風とどう向き合い、歩んできたか、そしてこれからの未来も見つめた1冊です。
推薦理由／少し古くなってしまいましたが、読むたびに稚内の魅力に気づかされます。さまざまな資料からの寄せ集めではなく、現地に足を運び、人に会い、直接話を聞くという取材の良さが十分に出ているのも魅力です。稚内に暮らす人々の生の声、先人たちの熱い思いが伝わります。

脱出
＊樺太関連の資料を紹介してもらいました。

吉村昭著／新潮社／1982年

内容／1945年夏。敗戦という現実に突然放り込まれた人々の姿を描いた短編集『脱出』の表題作。侵攻するソ連軍により宗谷海峡を封鎖された樺太。人々の戸惑いと混乱。密航による自力脱出で、故郷を捨てなければならなかった人々の姿を、少年の眼を通して描いた作品。
推薦理由／樺太からの「自力脱出」を描いた作品です。終戦時の緊急疎開、引揚げなどの影に隠れがちですが、命がけの「自力脱出」で稚内へたどり着いた人たち、そしてたどり着けなかった人たちが数多くいたということを知ってほしいと思います。日常から突然放り出された少年の漠とした感情も非常にリアルに感じられます。

猿払村農村環境改善センター図書室／猿払村 （さるふつむら）

広報猿払
猿払村発行／『広報さるふつむら』（1954年創刊）

内容／村のできごとや村民、お店、団体への取材内容がまとめられています。
推薦理由／村のできごと等がまとめてあり、カラーで分かりやすい冊子となっています。
＊第69回北海道広報コンクール（町村の部）2022年10月号が3年連続で入選しました。

浜頓別町立図書館／浜頓別町 （はまとんべつちょう）

筆しずく
佐藤豊編／浜頓別町企画調整課監修／浜頓別町郷土史研究会発行／2002年

内容／本書は浜頓別町の郷土史研究家・佐藤豊氏が広報誌等に連載していた郷土史に関する記事を集めて書籍化したもの。町の歴史を集成し記録した『浜頓別町史』にもありますが、そこに掲載されていない地域の細かい歴史や小話について記録されています。
推薦理由／数少ない当町の郷土史を記録した書籍です。また、現在では聞くことができなくなってしまった昔の貴重な話を掲載しており、地域の歴史や成り立ちを知るためには必須となる書籍です。

中頓別町青少年柔剣道場内図書室／中頓別町 (なかとんべつちょう)

広報なかとんべつ
中頓別町総務課政策経営室編／中頓別町発行／1953年創刊

内容／中頓別町の広報誌です。
推薦理由／中頓別町の現状を知ることができます。

枝幸町立図書館／枝幸町 (えさしちょう)

星霜 枝幸町立図書館創立百周年記念誌
枝幸町教育委員会編・発行／2004年

内容／1896年の枝幸町立図書館開館のきっかけ
となる日米仏三国による日食観測の記録、1903
年の北海道初の公立図書館としての認可、及び
現在に至るまでの記録が記載されています。
推薦理由／枝幸町立図書館の歴史を全て網羅し
ています。特に、図書館設立の大きなきっかけ
となった米国観測隊から譲り受けた図書資料は
全て枝幸大火と呼ばれる大規模火災で焼け落ち
てしまっているため、当時の寄贈図書のリスト
も掲載されているこの資料は枝幸図書館にとっ
てはとても重要な資料です。

星霜
枝幸町立図書館
創立百周年記念誌
書影提供
枝幸町立図書館

豊富町定住支援センター図書室／豊富町 (とよとみちょう)

鳥たちの365日　北海道サロベツ原野
富士元寿彦著／北海道新聞社／2020年

内容／北海道サロベツ原野の渡り鳥の様子をサロベツ原野の景色と共に写している写真集。
推薦理由／地域の資料があまりない中で、少ないながらも利用者の支持を受けています。
隣町の幌延町在住の写真家の本です。

BOOK愛ランドれぶん／礼文町 (れぶんちょう)

別冊『HO(ほ)』2021年5月号増刊　特集ちょっとツウな島案内利尻・礼文＋稚内
ぷらんとマガジン社／2021年

内容／利尻島、礼文島のメジャーな観光スポットはもちろんのこと、知る人ぞ知るお店
やグルメ、利尻・礼文で体験できること、その島の伝統、宿の情報など…利尻・礼文の
メジャーだけじゃない、ちょっとツウな情報も網羅していて読み応えのある内容です。
推薦理由／礼文島のパンフレットではあまり紹介されていないところまで細かく情報が
載っていて、礼文島の見どころや魅力が分かりやすく紹介されています。

利尻町交流促進施設どんと郷土資料室（図書室）／利尻町 (りしりちょう)

礼文・利尻　花と自然の二島物語
杣田美野里、宮本誠一郎共著／北海道新聞社／2019年

内容／礼文島と利尻島、二つの島を比較しながら、それぞれの自然環境を細かく、でも分かりやすく紹介しています。トレッキングコースや主だった地域の花の名前はもちろん、お互いの島でのあるなしや、同じ花の比較、地形の違い、昆虫や鳥、昆布についてなど盛りだくさんな内容です。人の歴史や環境問題にも触れられています。
推薦理由／二つの島が好きで、長年暮らしながら、その自然の素晴らしさを周りに伝えてくれている著者の集大成の本です。両方の島を比べることで、より深く面白くそれぞれを知ることができます。手軽な自然のガイド本なのですが、内容には専門家の裏づけがあり、島の自然とその自然とともに生きてきた島民の暮らしについても、やさしく教えてくれます。

利尻富士町立鬼脇公民館図書室／利尻富士町 (りしりふじちょう)

利尻の方言かるた　島で暮らして80年の佐藤萬がおくる
佐藤萬著／工藤英晴 かるた絵／若西カナ子編・発行／2005年

内容／利尻島で生まれ80年暮らした著者が、時代の変化と共に忘れられた島の昔の風物を「方言かるた」としてまとめたものです。見て楽しむことができる冊子になっていますが、絵札と読み札に切り離して遊ぶこともできるようになっています。浜ことば集や歴史、観光案内もまとめられています。
推薦理由／著者のバイタリティが溢れた冊子になっています。ただの方言集ではなく、「かるた」としてまとめられていることで、温かみとともに臨場感のある作品になっています。「あいたば 吹いて、海兎飛ぶ　今日の海」解説はあえて書きません。かるた絵師、出版・印刷に古くから所縁のある小樽の人々が関わっている点も趣があります。

幌延町生涯学習センター図書室／幌延町 (ほろのべちょう)

鳥たちの365日　北海道サロベツ原野
富士元寿彦著／北海道新聞社／2020年

内容／北海道北部のサロベツ原野で50年にわたって撮影を続ける富士元氏の野鳥生態写真の集大成。二度と撮れないような決定的瞬間や日本ではあまりみられない珍鳥を紹介。
推薦理由／幌延町が有するサロベツ原野を長年にわたって撮影し続ける著者が幌延町の自然の魅力を伝えています。

＊豊富町定住支援センター図書室と幌延町生涯学習センター図書室より推薦された写真集です。本書で唯一同じ書籍が推薦されました。サロベツ原野に生息する野鳥の躍動感が満載です！

鳥たちの365日
北海道サロベツ原野

離島で本を○○する
～利尻島での本の複業

　利尻島は北海道の中でも最北部にある離島の一つです。利尻山が中心に鎮座する自然豊かな島で、美しい色彩に惹かれて私は移住することを決めました。地域おこし協力隊という制度を活用し、読書推進員として利尻町の図書室で2017年6月から2019年9月まで働いていました。

　利尻町交流促進施設「どんと」郷土資料室（図書室）は人口約4200人の島としては、蔵書が多く施設的にも充実した図書室。そこに私は司書として着任しました。しかし、実務経験がなかったので、いろいろな課題と不安を抱えながら試行錯誤の日々でした。それでも自分にできることをまずやるというスタンスで2年と数か月。それまで図書室ではやっていなかった蔵書点検や展示スペースの拡充、学校図書館での活動を始めました。

　現在でも私は資料整理を主とする活動を月に数回しており、引き続き図書環境を充実できるようまい進しています。本をどのように伝えるか、魅せるか。どんな資料があるのか、すぐに検索・把握ができるか。必要となったときにすぐ引き出せる状態か。常勤として働いていたときよりも一歩離れて行う司書業務。だからこそ見えてくる仕事の魅力ややりがいを感じています。

　司書を軸のひとつにしつつ、私は淡濱社という個人事業者として「複業」を行っています。本の楽しみ方や本の魅せ方を伝える活動をもっと自由にできたら楽しいのではという想い。そして本そのものをつくることにも興味を持ち、あれこれ調べていく中で「ひとり出版社」を知りました。

　本に関わるいろんなことをやる個人が離島にいたら面白いのでは、そんな単純な想いが今現在の私を形作っています。子育て真っ最中で思うように進まないこともありますが、離島でもやりたいことをやろうとすればできるという姿をいつか子どもにも見せられたらという淡い夢を抱きながら、日々牛歩のごとく、それでも確実に前進しています。
Twitter　@awahamaBOOK00

（淡濱社　濱田実里）

サロベツ原野から利尻富士を望む
（2021年 7 月撮影）

オホーツク

雄武町
興部町
西興部村
紋別市
滝上町
湧別町
佐呂間町
遠軽町
網走市
北見市
大空町
斜里町
小清水町
美幌町
清里町
訓子府町
置戸町
津別町

心の赴くまま自由に

北見市立中央図書館
川畑恵美さんに聴く

■北見市プロフィール

　北見市は、北海道の東部に位置する人口約11万3000人のオホーツク地方最大の都市です。2006年、北見市、端野町、常呂町、留辺蘂（るべしべ）町が合併し、東京都の約65％の広さをもつ新「北見市」が誕生しました。面積はおよそ1427㎢、東西約110kmにも広がり、国内4番目、道内で1番広い自治体です。

　玉ねぎ、白花豆の生産量は国内トップクラスです。ハッカは、戦前にはなんと世界の70％を生産していたという歴史があります。お土産店ではミントグリーンのパッケージを手に取る人をよく見かけます。

　カーリングの町としても知られており、地元チーム「ロコ・ソラーレ」（LS北見）は2022年北京冬季オリンピックで銀メダルを獲得しました。北見の町を歩くとチームのポスターを随所で見かけ、北見駅にはストーンが展示されています。

　北見市は、夏から冬へ、冬から夏へ一足飛びで移り、春や秋が短い気候です。冬は－25℃近くまで下がり、夏は35℃ほどまで上がりますから、年間で約60℃も気温差のある地域です。

■北見市立中央図書館プロフィール

　市立北見図書館として1946年開館。1967年常盤町に博物館の併設で新築移転しました。そして2015年、「北見市立中央図書館」として現在の場所に開館しました。中央館の蔵書は約38万冊、市内には他に8か所の図書施設があります。北見市周辺の1市7町で、「北見地域図書館ネットワーク」という枠組みを作り、ネットワーク内の住民はどの館も利用できるほか、イベントの共催や電子図書館の相互利用など協力体制を築いています。

バリアフリーサービス

　雪国である北海道の図書館で、雪道を歩かずに到着できる図書館はかなり限定されています。特に障がいのある方、高齢者などが来館するのは大変です。車を運転できる方であっても、駐車場から図書館の入口までは足元が滑りやすく危険です。北見市中央図書館は道内で唯一、JR駅直結、バスターミナルにもつながっています。

駅までお迎え

　駅やバスターミナルから図書館までエレベーターも設置された「みんとロード」という屋内歩道橋が整っているので、雪や雨にあたることもありません。「特別なサービスではないと思います。利用者の求めに応じてやっています。先日は館長も送迎していました」と川畑さんは言います。列車やバスの出発や到着時間に合わせて歩行で送迎するちょっとしたサービス。ありがたいです。

サピエ図書館の導入

　サピエ図書館とは、視覚障がい者及び視覚による表現の認識が困難な方のためのインターネット図書館です。ボランティアが音読したデータをダウンロードできます。

　今まで、それぞれの図書館が制作した音声データを自館の所蔵資料としていましたが、このサービスはインターネットで所蔵を共有することができる仕組みです。「当館ではサピエにない図書もリクエストを受け付け、ボランティアの方にデータを作っていただく場合もあります。最近、北見工業高校図書局の生徒も登録してくれたので、イケボ（イケメンボイス）の音声資料にも期待しています」。

　「北見の障がい者サービスは、一貫して『心の赴くまま自由に利用してほしい』というスタンスで運営しています。障がいがあると、どうしても制約に縛られます。移動が不自由だったり、聞きたい音声資料が所蔵されていなかったり。当館は中規模だからこそ利用者の顔が見えます。もし利用者のやりたいことに制約があるのであれば、取り払い、利用者の身になったサービスを目指しています」と語ってくれました。

　川畑さんに、現在実施しているバリアフリーサービスについてたずねたところ、「特に優れたことはしていません。ただ個別の要望に細かくお応えできるよう心がけています」。いやいやとんでもない！と思ったのは筆者だけでしょうか？

鳥戦士ミントリガー

　鳥戦士として北見で活躍するご当地ヒーローです。名前の由来は「ミント」と「鳥」と「トリガー（銃）」で、衣装の頭部は鳥のくちばしをモチーフに、腕部分には北見の特産品である和製ミント「ハッカ」の葉をデザインしています。北見以外のオホーツクの町のショッピングセンターにも登場しますが、図書館の読み聞かせイベントにも登場。北見市公式HPにも紹介されています。

鳥戦士ミントリガー
（写真提供：北見市立中央図書館）

川畑恵美さんプロフィール
北見市出身。2001年北見市役所入庁、2011年より北見市立中央図書館勤務。
著書（自費出版）：『北見焼肉夜話』『図書館マスコットキャラクター・ヨンダルさんの4コマ本』『図書館めぐりっぷ』

取材メモ

「アンケートで図書館に敷居の高さを感じている市民が多かったので、年間100～180回程度のイベントを行って来館のきっかけ作りをしています。市民の創作活動に必要な場所の提供、多様なスキルが学べる講座にも力を入れています」と、川畑さんは膨大な資料を見せてくれました。現在は館内の分類・サイン表示について新たな試みに挑戦中です。
　取材していたら、「実は自費出版しています」と川畑さん。同僚と製作した『北見焼肉夜話』は図書館で美味い焼肉屋はないか？と聞かれるので1冊にまとめたそうです。『図書館マスコットキャラクター・ヨンダルさんの4コマ本』『図書館めぐりっぷ』を、同人誌イベントで販売しています。ところで北見市民の焼肉好きは有名で、真冬でも野外で焼肉を食べたりします。川畑さんから「サガリとタケノコ（豚の動脈）がおすすめ！」とのこと。

『図書館マスコットキャラクター・ヨンダルさんの4コマ本』より

オホーツク海に面した知床半島の町

斜里町立図書館
宮島舞子さんに聴く

■斜里町プロフィール

　斜里町は、北海道の東部、およそ面積737㎢となるオホーツク海に面した町です。尖がっている知床半島の北部は斜里町、南部は羅臼町です。人口は約１万1000人、基幹産業は農業、漁業、観光業です。特に鮭の水揚げは18年連続日本一！世界自然遺産に登録されている知床半島は自然を体験できるウトロ地区を中心に観光業が大変盛んです。

■斜里町立図書館プロフィール

　図書館は1970年に町立図書館として運営開始。当時、役場として使用していた建物に図書館が設置されました。2015年３月に現在の場所（斜里町文光町51-9）へと新築移転しました。蔵書は2022年現在約12万冊です。本書を読まれている方の中には、2015年まで使用されていた、いわゆる

旧館（2022年６月撮影）

旧館（1929年建造）の印象が強い方もいるかもしれません。住宅地から少し離れた高台なので、子ども１人での来館はあまりなかったようです。

　新館は「滞在できる図書館」をコンセプトにしています。学校や住宅地に近いので、放課後や休日には小学生や中学生の来館が増え、今までの利用者に加えて20〜30代の層の来館も増えたそうです。館内から斜里中学校のグラウンドが見えます。「平日なら体育の授業や部活、夜はサッカー少年団、冬はスケートリンクなどさまざまな活動でにぎわっています。天気が良ければ海別岳（うなべつだけ）が美しく見えるスポットですよ」と、宮島さんは案内してくました。中学生はもちろん児童サービスを積極的に展開しているのがうかがえます。

子ども司書講座

　2016年から開始した事業で小学4年生〜中学3年生を対象としています。認定後は子ども司書活動に参加できる仕組みとなっています。あくまでも任意の活動ですが、2022年までに累計で39名が認定されました。「うちどく.com家読推進プロジェクト公式HP」に掲載されているカリキュラムを参考にしています。具体的には…

　第1回「開講式・図書館ってどんなところ？」図書館や司書の役割を紹介
　第2回「本の住所・NDC」NDCの仕組みと本の並べ方を学ぶ
　第3回「好きな本を紹介してみよう」展示・POPづくり。館内におすすめ本
　　　展示を設置
　第4回「本の登録・整備・補修」ブッカーかけや本の補修体験
　第5回「本を借りる・返す」カウンターでの貸出・返却体験
　第6回「絵本の読み聞かせ」絵本の読み聞かせの練習・体験
　第7回「レファレンスってなあに？」レファレンスの紹介、体験活動
　第8回「本でゲーム？　やってみようアニマシオン」
　　　　　ちなみにアニマシオンとは、「ゲーム要素を取り入れた子ども向け読
　　　書の指導法」です。
　第9回「認定式」

　5月から9月頃を目途に全9回の講座を行い、6回参加で斜里町子ども司書として認定を受けます。認定後は月に1回、子ども司書活動に参加可能。カウンターや展示づくり、読書活動など図書館での活動を継続して行うそうです。将来、司書や本に関わる仕事について興味をもってもらえたら嬉しいです。

おススメ本ガチャ！

　おススメ本ガチャは子ども読書週間に職員が自作したガチャガチャに、あらかじめ用意しておいた職員のおススメ本の番号をセット。出てきた番号の本が借りられるブラインドブック企画です。

斜里町立図書館自家製ガチャガチャマシーン！
（写真提供：斜里町立図書館）

「働く大人サポート課」展の設置

　当初の構想はビジネス支援コーナーを作ろうとしたそうですが、今はビジネス支援を根幹に持ちつつも、働く世代全般をターゲットとしたテーマ展示にしているそうです。

　訪問した際に行っていたテーマは「お酒を楽しむ」。働く世代をターゲットにして、ここまで広げる懐の深さに感動しました。宮島さんは「毎月テーマを変えて展開しています。最近では『在宅で働く』『大人の学び直し』『楽しむおしゃれと身だしなみ』など、固いテーマから気軽なものまでいろいろなカテゴリーから選書しています」とのことです。

「働く大人サポート課」注目！
（2022年6月撮影）

宮島舞子さんプロフィール
上川地方出身。2012年より斜里町立図書館に勤務。新館建設業務に従事。

**取材
メモ**

　2005年知床は世界自然遺産に登録されました。また、公園内の民有地を買い上げ、原生の森を守るための寄付運動を行った「しれとこ100平方メートル運動」は、1997年に目標を達成した後も活動を続けています。
　宮島さんは、「司書という職業がら、図書館にいると、人を介して知床の大自然を感じることが多いかもしれない」と思いを語ってくれました。
　また、「ウインドウショッピングのように棚をうろうろしながら、目に入った何だかおもしろそうな本を手に取ったり、取らなかったり。図書館はときめくところだと思います。敷居を低くして、もっと日常の中に図書館が溶け込んでいったら良いな」とも。同感です。

INTERVIEW

書物で置戸を知るための4つのアプローチ

置戸町立図書館
森田はるみさんに聴く

■置戸町プロフィール

　置戸町は人口約2700人。北見から南西に約35km、車で40分ほどです。面積約527k㎡の8割以上を森林が占める林業と農業が基幹産業の町です。1983年に誕生した置戸町の地域ブランド「オケクラフト」は、町木のアマエゾマツや広葉樹などを使い、柔らかな質感を生かした器やカトラリー、ステーショナリー等で工芸品として注目されています。

■置戸町立図書館プロフィール

　図書館へは町中心部の旧置戸駅「ぽっぽ」から徒歩5分ほどで到着します。農村モデル図書館として活躍した旧館の歴史を引き継いで、2005年、現在の場所にオープンしました。蔵書は約12万冊。2006年に第22回日本図書館協会建築賞を受賞。第12回図書館総合展において「Library of the year 2010」特別賞を受賞しています。旧館時代より図書館関係者から注目された図書館です。2023年には図書館条例制定から70年を迎えます。

1．置戸の歴史とは？

『置戸町開町百周年記念　語りつぐ歴史と証言（全5巻)』
『語りつぐ歴史と証言』編集委員会編　置戸町立図書館発行　2016年

　通常の「町史」とは編集方針が異なります。過去に刊行された置戸町の地域資料を引用しながら、置戸の歩みをたどります。全5巻となる本書の発行元が「置戸町立図書館」であることに注目してください。通常「町史」のような刊行物は自治体

が発行する場合が多いと思います。町の歴史を「証言」というキーワードで編集しています。Ａ４判で200頁程のテーマ別５分冊となっており、「町史」独特の厚さはなく、フォントや図版のサイズが大きく、読みやすい工夫がなされています。

　ちなみに第１巻は『自然と地域の原風景』です。図書館の資料を最大限に生かして作られていることがわかります。本書の制作を通じて、改めて地元紙の存在が重要と認識させられます。それは『置戸タイムス』による証言がとても多いからです。地元紙は町の事情を熟知しているからこそ、一般的な報道に留まらず、生きた証言を集め、町の記録そのものになっています。

２．置戸町立図書館とは？

『まちの図書館　北海道のある自治体の実践』
図書館問題研究会編著　日本図書館協会発行　1981年

『山あいの図書館と地域のくらし　置戸図書館と共に歩んで』
澤田正春著　日本図書館協会発行　1992年

　置戸町立図書館の住民１人当たりの貸出し冊数が５回にわたって全国１位になったことに注目した図書館問題研究会11名が1980年、置戸へ調査に来ました。地方の小さな町こそ、図書館と書物が必要であることを、実践を通して示したのが当館であり、その報告をまとめたのが、『まちの図書館　北海道のある自治体の実践』です。『山あいの図書館と地域のくらし　置戸図書館と共に歩んで』は、置戸の図書館を「日本一」にした澤田正春氏の著書です。地域と共に歩んできた置戸町立図書館の原点を知ることのできる２冊です。

３．「オケクラフト」とは？

『DOMA秋岡芳夫　モノへの思想と関係のデザイン』
目黒区美術館編　美術出版社　2012年

『どんな木も生かす山村クラフト　小径木、曲がり材、小枝・剪定枝、風倒木を副業に』
時松辰夫著　農山漁村文化協会　2020年

　秋岡芳夫氏という工業デザイナーが、今日に何を残したかをまず確認する必要があります。生活文化の隅々に木との関わりが存在し、身近にある無数のデザインに魅了されます。置戸町と秋岡氏の関係は、図書館が収集した本を通して秋岡氏を知った置戸町が、氏を講演に招いたことから始まりました。1983年、秋岡

氏からの提案と時松辰夫氏の技術指導によって、「オケクラフト」が誕生します。

『DOMA 秋岡芳夫 モノへの思想と関係のデザイン』をとにかく手に取って

森林工芸館（2022年7月撮影）

みてください。秋岡氏はカメラなどのデザイン、学習研究社の月刊誌『2ねんせいのかがく』の教材付録など、あらゆる分野のデザインを手掛けてきました。とても楽しい書物です。

　森田さんは、「オケクラフトは、社会教育分野から地域課題へアプローチする取り組みによって生まれたユニークな特産品です。2023年には誕生から40年を迎えます。技術指導に留まらず、秋岡芳夫さん・時松辰夫さんの木や工芸、広く日本文化や地域に対するまなざし・思想の影響を深く受けています。オケクラフトとは何か、なかなかひと言では語り得ませんが、お二人の著書にふれて、感じて考えてもらえたらと思います」と語ります。

　事前に「お時間あったら森林工芸館に行ってみてください」と教えていただき、図書館を訪問する前に訪れてみました。入館した瞬間、なんて木のぬくもりが優しく温かいのだろうと、ほっとした気持ちになれました。

4．日本一の給食！

『おうちで給食ごはん　子どもがよろこぶ三つ星レシピ63』
北海道新聞社編・佐々木十美監修　北海道新聞社　2010年

『日本一の給食　「すべては子どものために」おいしさと安心を追求する"給食の母"の話』
佐々木十美著　NHK『プロフェッショナル仕事の流儀』制作班協力　学研パブリッシング　2013年

　「置戸には日本一が3つあります。図書館、綱引き、そして学校給食！地産地消がいわれる前から、地元の旬の食材を使うことと、手作りにこだわって提供されてきた給食。その思いを地域で共有してきました」と、森田さんから教えても

らいました。『おうちで給食ごはん　子どもがよろこぶ三つ星レシピ63』は、置戸町の学校給食のメニューと作り方を紹介する本です。10数刷を重ね、料理書としてはベストセラーでしょう。「置戸町の学校給食ひと筋の栄養士・佐々木十美さんが『NHKプロフェッショナル仕事の流儀』に登場し、この番組を観た学研マーケティングの編集長が十美さんの元に通い、『日本一の給食』の本が出来上がりました」と、森田さんは話してくれました。給食の人気メニューはやはりカレーライスですが、本書では置戸オリジナルカレーの秘密にも細かく踏み込んでいます。これほどのレシピを「オケクラフト」の食器で味わう置戸の子どもたちはとても幸せです。本書の中で「自慢できる場所は？」と尋ねられた町民が、図書館と答えています。

森田はるみさんプロフィール
東京都出身。1997年より置戸町立図書館勤務。2005年にオープンした現在の図書館の開設準備に携わる。2011年からの公民館勤務を経て、2018年より図書館に復帰。

取材メモ

日本航空グループの北海道エアシステムは、札幌（丘珠空港）を起点に道内各地を飛んでいます。その北海道エアシステムの機内誌『HAC MAGAZINE（ハックマガジン）』2022年1・2月号から2023年1・2月号まで（7・8月号除く）、置戸町立図書館を紹介する森田さん執筆の原稿が連載されました。交通機関の広報誌で図書館が紹介される、それも6回！というのは、とても珍しいです。掲載誌は当館で閲覧できます。

写真提供：置戸町立図書館

北見市立中央図書館／北見市 （きたみし）

（日刊）経済の伝書鳩
伝書鳩発行／1983年創刊

内容／北見市・網走市・美幌町・津別町・置戸町・訓子府町・大空町の約8万4000戸に無料配布されているローカル情報紙。タブロイド判のカラー紙面で、多様な広告のほか地域の時事ニュース、地域企業の活動、住民の顔、息遣いを感じられる記事が掲載されています。

推薦理由／無料戸配であることから読者を選ばず、北見地域で絶対的な影響力をもつ情報紙です。多様な広告が掲載された紙面からはオホーツク経済圏の輪郭が見え、専属記者が書く地域に特化したニュースは、どのマスメディアよりも子細で、時に展開される厳しい批判は、地域世論を動かし市政に影響を与えることもあります。移り変わる街の「今」をとらえ続ける唯一無二の情報源です。

北見市立端野図書館／北見市 （きたみし）

北見文化財ガイドブック
常呂川流域文化遺産活用推進事業実行委員会編著／北見市教育委員会文化財課発行／2016年

内容／北見市を中心に常呂川流域の文化財、文化遺産を幅広く紹介しているガイドブック。2015年に発行した『北見文化財マップ』と連動しており、たくさんの歴史をみることができます。また、アイヌ語の地名も掲載されており語源・由来を知ることができます。

推薦理由／当館は、歴史民俗資料館と併設されているため、歴史関係の問い合わせが多く、特に中央道路（囚人道路）に関することを多く聞かれます。『北見文化財ガイドブック』には、詳細が掲載されており、こちらをご紹介すると中央道路だけではなく他の文化遺産にも興味を持っていただけることがあります。

網走市立図書館／網走市 （あばしりし）

わたしの流氷　21世紀へ伝えたい
オホーツク文化の会編・発行／2000年

内容／「20世紀、私の流氷」というタイトルで流氷体験を全国から募集し、77編を集録したものです。執筆者は25歳から88歳と幅広く、さまざまな流氷体験が記録されています。

推薦理由／網走の目の前に広がるオホーツク海に、冬になると流氷がやってきます。海一面氷で真っ白に埋めつくされる景色は、北海道でしか体験できないものです。この本には、流氷とのかかわりの中から未来へ伝えたいメッセージが集録されており、流氷への熱い思いがあふれています。

紋別市立図書館／紋別市（もんべつし）

名寄本線
北海民友新聞社編／名寄本線代替バス運営協議会発行／1990年

内容／平成元年4月30日に名寄本線は廃止されました。その名寄本線の記録と、存続させようと力を尽くした沿線各市町村及び人々の活動の記録をまとめた資料です。

推薦理由／2022年は、名寄本線開通100年にあたります。図書館では市民文集『想い出の名寄本線』を発行しました。寄稿された文書を読み、名寄本線は地域住民の大切な交通機関であり、思い出と共に今も心の中をガタンゴトンと走っていると実感しました。この「名寄本線」の記録資料が編集・発行されたことを、地域の財産として大切にしていきたいと強く感じています。

津別町中央公民館図書室／津別町（つべつちょう）

つべつ　輝く光彩
野宮貞市著／加賀谷のり子協力／光陽堂／2012年

内容／町内在住のアマチュア写真家・野宮貞市さんが町内の産業の様子、雄大な津別町の自然をカメラに収めた写真集。写真に添えられた短歌によって、より一層四季の移ろいに思いを馳せたくなります。

推薦理由／四季折々の美しい津別の自然だけでなく、町内の人々の暮らしも伝わる素敵な写真ばかりです。この本をきっかけとして、津別町へ訪れてみたいと思ってもらいたいです。

斜里町立図書館／斜里町（しゃりちょう）

しれとこのきょうだいヒグマ　ヌプとカナのおはなし（新装改訂版）
あかしのぶこ さく・え／知床財団発行／2021年

内容／知床の森に棲む野生のヒグマの兄妹を描いた絵本です。力強いタッチで山や川、そこに生きる生きものたちといった豊かな知床の自然を描きつつも、ヒグマと人が共生するとはどういうことかを考えさせられます。

推薦理由／世界自然遺産・知床という観光地のイメージに隠れてしまいがちですが、生きものと人間との適切な関係は、斜里町では切り離せないテーマです。子どもから大人まで広く知ってもらいたい内容になっています。

しれとこのきょうだいヒグマ
ヌプとカナのおはなし

清里町図書館／清里町 (きよさとちょう)

清里焼酎物語
石川サブロウ作画／北海道アート社編／阿部真也発行／2015年

内容／1975年、清里町の農産物でまちの特産品を作ろうという町民の声から、清里町特産品プロジェクトが動き始め、清里町の主な農産物じゃがいもで焼酎を作ることになった。度重なる失敗と試験醸造を繰り返し、1979年、日本初の本格じゃがいも焼酎「きよさと」が発売。『清里焼酎物語』は、焼酎作りに人生をかけた清里町職員ナガヤマサキの紆余曲折、そして清里町を代表する特産品となった今日までを描いた漫画。
推薦理由／清里町を知っていただく一歩として、子どもから大人まで幅広い世代に読んでもらいたい1冊です。

清里焼酎物語
書影提供
清里町図書館

町立小清水図書館／小清水町 (こしみずちょう)

オホーツクの十二か月　森の獣医のナチュラリスト日記
竹田津実著／福音館書店／2006年

内容／1963年に小清水町農業共済組合家畜診療所に勤務して以来、2004年に東川町に転居するまでの40年間に著者が見てきたオホーツクの動物や自然、そこに生きる人たちの暮らしについて書かれた本。写真も豊富に掲載されています。
推薦理由／町内に生息しているたくさんの動植物だけでなく、町民の四季の暮らしについても知ることができます。著者撮影の美しい風景や可愛い動物の写真もお薦めです。良いことばかりではなく、人間が自然に与える悪影響まできちんと書かれているのも良いと思います。

訓子府町図書館／訓子府町 (くんねっぷちょう)

「クンネップから訓子府へ」　くんねっぷ再発見物語
訓子府町編・企画・発行／2021年

内容／訓子府町開町100周年、町制施行70年を記念して作られた今昔物語です。広報誌で連載している「くんねっぷ再発見」のシリーズを本書に再録し、さまざまなトピックがまとめられた「よみもの」として楽しめます。
推薦理由／新聞社で記者をしていた町職員が、町の歴史や文化、移り変わりを取材した16年分の連載記事を、周年事業として改めて本としてまとめました。町史とは異なった角度で歴史を振り返ったもので、発行も比較的新しく、「よみもの」として読んでいただきたい本です。

「クンネップから訓子府へ」
くんねっぷ再発見物語
書影提供
訓子府町図書館

置戸町立図書館／置戸町 （おけとちょう）

続金色夜叉、金色夜叉終編

長田幹彦著／春陽堂／1918年、1921年

内容／明治期に活躍した作家・尾崎紅葉の未完の小説『金色夜叉』。貫一とお宮の困難な恋路は、当時大いに読者の関心を集めたようです。長田幹彦は、その続編を置戸を舞台に描きました。置戸で農場を興した貫一。しかし絶望し自殺を図ろうとするところへ冬の夜道をやって来るお宮。その後も二転三転、ドラマチックな展開は続きます。

推薦理由／長田幹彦はなぜ置戸を舞台に選んだか。元置戸駅には「再会の松」と名付けられたゆかりの松と説明板があり、おけと湖畔にも句碑があります。置戸の開拓に夢をかけ、事業を広げていった貫一が構想したダム建設は、置戸の将来を予見していたかのようです。また、表紙の絵は竹久夢二とされ、当時の話題性を物語っていると言えそうです。

佐呂間町立図書館／佐呂間町 （さろまちょう）

写真で語るさろま物語

佐呂間町史編さん委員会編／佐呂間町発行／1995年

内容／『佐呂間町百年史』発刊のため収集した資料や写真をもとに、写真を主体とした佐呂間町の歴史の流れをまとめた書物です。

推薦理由／数多くの貴重な写真で、産業、教育などの歴史を伝え、開拓した鈴木甚五郎の生い立ちや、当時の時代背景などを調べ、佐呂間町の歴史をより鮮明に書き残しています。

遠軽町図書館／遠軽町 （えんがるちょう）

瞰望岩（がんぼういわ）の紀

宮原圭依子著／文芸社／2010年

内容／明治21年に九州の中津で呉服屋の四男として生まれた孫四郎は洋服職人になる道を選び、一人前の職人となって北の開拓地である北海道へ。そして最果ての地、遠軽で新しい人生を始める。遠軽から始まる孫四郎と家族、弟子や奉公人、後継の孝一らの物語。

推薦理由／事実を元にした小説なので、実際の地名や施設も出てきます。そのため商店街の風景が目に浮かび、昔の人々の生活が身近なもので、間違いなく今とつながっているのだと感じられます。

湧別町中湧別図書館・湧別図書館／湧別町 (ゆうべつちょう)

四季の森 五鹿山　野の花・野山の鳥
白幡美栄子監修・撮影／山本昇撮影・編／ふるさとから学ぶ会発行／2022年

内容／湧別町のシンボル、五鹿山（ごかざん）の魅力をたっぷり案内する本です。桜の名所としても親しまれる五鹿山が、こんなにも多種の野鳥がさえずり、多彩な野の花が自生している山であることを本書は教えてくれます。そして、この本が紹介する「野山の鳥」「野の花」は、白幡美栄子さん、山本昇さんが何度も五鹿山に足を運び撮影したものです。

推薦理由／町には、私たちが知らない「お宝」がいっぱいあります。その「お宝」の魅力、価値を知る人もいっぱいいます。そんなお宝の魅力を知る人に「案内人」になってもらい旅する企画が「我がまち湧別町のお宝を訪ねる旅」です。新型コロナウイルス感染拡大の影響により、2年続けて中止となった「五鹿山を訪ねる旅」ですが、これがきっかけとなり、本書が誕生しました。令和4年度湧別町図書館のベストセラー本です。

四季の森 五鹿山
野の花・野山の鳥
書影提供
湧別町中湧別図書館

滝上町図書館／滝上町 (たきのうえちょう)

昭和29年台風15号　町の歴史を変えた洞爺丸台風
たきのうえ洞爺丸台風調査会編・発行／2019年

内容／滝上町の転機ともなった昭和29年9月の洞爺丸台風について、平成28年から2年間かけて、35人の町内在住者から伺った21本の口述記録がまとめられています。伺ったお話は「台風のこと」「山の仕事」「当時のくらし」「たすけあい」の4つのテーマに沿ってオーラルヒストリーとして整理されています。北海道立図書館のデジタルライブラリーでもご覧いただけます。

推薦理由／洞爺丸台風のことを話題に持ち出す方が同時期に複数いて、何か資料にまとめる必要があるのではないかと、町民有志に呼びかけ、実行委員会を立ち上げました。早稲田大学教授で都市計画等が専門の後藤春彦先生を講師に迎えオーラルヒストリー学習会も2度開催し、活動の中で寄贈してもらった古いフィルムの上映も含めた報告会なども行い、さまざまな職種・年代の方に手伝っていただき、いろいろなつながりが感じられた活動でした。

興部町立図書館／興部町（おこっぺちょう）

情報誌「おこっぺからの手紙」
おこっぺファンくらぶ事務局編／興部町役場発行／1993年創刊

内容／年1回発行されている情報誌です。「おこっぺファンくらぶ」に加入されている方に寄贈しています。1993年に1号が創刊され2022年で32号となっています。1年間の主な町の出来事や産業のことなどを紹介した内容です。

推薦理由／興部を発信する資料として32年間継続して発行されています。発行当時の担当者の思いを引き継いでおり、1号から読み返すと町の変遷や人物紹介、出来事の紹介がとても懐かしく感じられるものとなっています。また、これは市販の情報誌や町の広報誌とは違い、会員限定の資料でレアなものです。

情報誌「おこっぺからの手紙」
書影提供 興部町立図書館

西興部村公民館図書室／西興部村（にしおこっぺむら）

『RICH IN NATURE NISHIOKOPPE VILLAGE』創刊号
西興部村地域おこし協力隊発行／2019年

内容／西興部村の地域おこし協力隊事業として、西興部村のPRを目的に制作されたフリーペーパー創刊号です。本誌では特に村外からの移住者に焦点を当てて、鹿や酪農といった産業、木工や教育などの文化、リノベーションゲストハウスや村の観光や、子育てなど村での生活について紹介しています。

推薦理由／本誌で紹介されている移住者たちは西興部の魅力に惹かれ、それぞれの想いと目的を持って移住を決意しました。それらを地域おこし協力隊が編集することで、「外から見た西興部村」という新たな視点で西興部の持つ地域資源や魅力について紹介しています。外部へのPRや人材の確保を課題とする当村における重要な情報誌です。

RICH IN NATURE
NISHIOKOPPE VILLAGE
書影提供
西興部村公民館図書室

雄武町図書館　雄図ぴあ／雄武町（おうむちょう）

雄武町のアイヌ語地名解

廣瀬隆人著／みやま書房／1988年

内容／雄武町に残るアイヌ語地名を、綿密な調査とフィールドワークによって解釈し、貴重な古地図や資料制作当時の写真等も豊富に使用してまとめた郷土資料です。

推薦理由／自然に感謝し、自然とともに暮らしてきたアイヌ民族の残している地名からは、自然の状態、生産の様子など当時の自然環境や、雄武の地に生きた生活意識が伝わってきます。現在まで続く地名から、何百年という過去の営みに触れ、雄武という土地を知ってもらうことができたら幸いです。

雄武町の
アイヌ語地名解
書影提供
雄武町図書館

大空町女満別図書館・東藻琴図書館／大空町（おおぞらちょう）

大空町検定『大空マニアッQ』問題集

大空町生涯学習奨励員協議会企画・発行／2014年

内容／大空町は東藻琴（ひがしもこと）村と女満別（めまんべつ）町が合併して誕生した町です。大空町の歴史、観光、施設、自然、生活、産業など、どれだけ知っているかを認定する「大空町検定」の問題集です。町のすばらしさを再認識し、大空マニアになってもらえるように作成されました。

推薦理由／大空町のことが幅広くわかります。261問すべてに解説があります。写真も豊富に掲載されています。

大空町検定
『大空マニアッQ』
問題集
書影提供
大空町公式HPより

地方資料のすごみ
～網走市立図書館の場合～

網走市立図書館は1906年、私設の網走図書縦覧所が開設以降、市内数か所の移転を経ながら多くの方々に利用されてきました。現在は、2000年にオホーツク・文化交流センター（エコーセンター2000）との複合施設として開館しています。

図書館は1・2階の一部に位置し、2階が地方資料コーナーです。専任の職員が配置され約2万冊を所蔵しています。

地方資料は網走、北海道、アイヌ、北方で構成され「地方資料の収集基準」に基づき各種資料を収集しており、その中でも網走資料は広範にわたります。

北海道でも有数の観光地である網走市は、能取岬や能取湖のサンゴ草、オホーツク海の流氷など春・夏は緑、秋は紅、冬は白と鮮やかに四季の変化を体験できる環境から多くの映画やドラマのロケが行われます。そのため、作品の関連書籍をはじめ監督、俳優の書籍なども収集しています。また、史跡モヨロ貝塚、博物館網走監獄、オホーツク流氷館などの文化・観光施設、名所に関する資料、さらに古くからの捕鯨基地であることから、くじらに関するものも地方資料として収集しています。これらの資料はパンフレットやチラシ、映像資料など多岐にわたり大きさもさまざまで、保存には専用の箱を使用しています。サイズも数種類あり、形態の異なる各資料を1つにまとめることができます。中身がわかるように側面には資料の詳細を添付し、問い合わせなどにもスムーズに対応できます。

地方資料を多くの方に知っていただけるように企画展にも力を入れています。月ごとの展示のほかに1階の特設スペースにおいて、各テーマの書籍の展示と合わせて映像や写真、地図なども紹介する「ふるさと学習展」を年4回程度開催し、好評を得ています。また、地方資料の電子化も進めており今後、活用の幅が広がっていくことが期待されます。

（網走市立図書館　永吉くみ）

滝上町とふたりの作家

滝上町は山間に10万平方メートルの芝ざくらが咲く2,400人弱の小さな町ですが、著名な作家を2名輩出しております。

お1人目は、1934年6月生まれの児童文学作家の加藤多一さん。札久留（さっくる）盤の沢の農家の子として生まれ、札久留中学校を卒業後、1年間働いたのち遠軽高校へ進学。北海道大学教育学部を卒業されました。代表作に『白いエプロン・白いヤギ』『ふぶきの家のノンコ』など滝上を彷彿させる厳しい自然のなかで逞しく生きる子どもたちを描いた名作が数多くありますが、どれか1冊紹介するなら、『馬を洗って…』です。繊細な心を持つ優しい青年と馬が戦争によって運命を踏みにじられる物語。優しい人がそのままに生きることを許さない戦争の愚かしさ、悲しさに胸が打たれます。加藤さんにこの作品のことをたずねると「これは学生の頃、一晩で書き上げたものなんだよ。だけど、自分が亡くなった後残るとしたら、それはこの作品かもしれない」と仰っていました。

そして、1937年4月生まれの小檜山博さん。中雄柏（なかゆうはく）の炭焼き小屋に生まれ、雄柏中学校へ入学なさいますが、大きな学校での勉強を希望し2年生のときに滝上中学校へ転校、苫小牧工業高校電気科を卒業されました。小檜山さんが滝上で過ごされた中学生までの生活が色濃く反映された『風少年』は、昔の滝上のそこかしこの風景が浮かび上がるような作品。読後感がさわやかで、中学校の国語教科書にも掲載されました。そしてわたし自身が20代で読み、くさびを打たれるような衝撃を受けた作品が芥川賞にもノミネートされた『出刃』でした。出口のない困窮を描き切り、圧倒されます。こちらの『出刃』と『風少年』そして『光る女』『地の音』『光る大雪』『クマソタケルの末裔』『漂着』これらが小檜山さんを形成するうえでとても大切にされている作品だと教えてくださいました。小檜山文学館では、こちらの作品について小檜山さんご自身に思いをしたためていただきました。

（滝上町図書館　辻めぐみ）

十勝
（とかち）

陸別町

上士幌町

足寄町

新得町

鹿追町

士幌町

本別町

音更町

池田町

清水町

浦幌町

茅室町

幕別町

帯広市

豊頃町

中札内村

更別村

大樹町

広尾町

十勝食料自給率
1339％！

帯広市図書館
石津邦久さんに聴く

■帯広市プロフィール

　帯広市は十勝平野の中央に位置し、農業など一次産業を主要産業とする国内有数の食料供給基地・十勝の中核都市です。

　人口は約16万5000人。「都市データパック2022年版『住みよさランキング』」（東洋経済新報社）において、北海道の中で帯広市は2年連続1位となっています。

■帯広市図書館プロフィール

　帯広市図書館は、帯広駅南口の目の前なので迷うことなく訪れることができます。開館は1920年。2006年に現在の図書館がオープンしました。蔵書は約57万冊。電子書籍は約3万冊です。

　2018年、帯広市図書館に初めて訪問すると、館内に「十勝食料自給率1000％」という大きなポスターが掲示されていました。すごく強いインパクトだったことを思い出します。なお、2021年12月にフードバレーとかち推進協議会が発表したカロリーベースの食料自給率は1339％です。館内には「フードバレーとかち」コーナーが常設されており、食を考える書籍が配架されています。

「おめでとう100年ありがとう100年」

　2020年に開館100周年記念事業を開催しました。「おめでとう100年ありがとう100年」というキャッチコピーは、とても人々に伝わる言葉だと思います。

　ノンフィクション作家・梯久美子さんの講演会、記念誌の発行のほか、秘蔵展

として過去の帯広図書館の業務
日誌や十勝の歴史に沿った新聞
や文献などの展示を、年間を通
じて行いました。

社会教育施設との連携

　帯広駅からバスで南へ15分
ほど行くと、緑ヶ丘公園という
広大な総合公園があります。こ

「年表で語る帯広市図書館の歴史」
（写真提供：帯広市図書館）

の公園内に帯広市が運営する施設、おびひろ動物園と帯広百年記念館があります。
この2つの施設と図書館は常に強い連携を取っています。

　帯広百年記念館は1982年十勝地域の広域複合施設として開館した総合博物館
です。館内にアイヌ民族文化情報センター「リウカ」という資料室があります。
室内のテーブルにあった百年記念館友の会発行『アイヌ語で自然かんさつ図鑑』
という資料が目に入りました。A5判96頁オールカラーでとてもわかりやすい書
物です。書籍は現在販売していませんが、公式HPからデジタル資料で閲覧でき
ます。

　2022年の夏、図書館で幼児から小学生を対象に、帯広百年記念館と連携した「絵
本にでてくる虫のおはなし」のブックトークや読み聞かせ、登場する虫の生体に
ついてのおはなし会が学芸員によって行われました。

　動物園で開催している「アニマルチェック!!」という催しとも連携して関連図
書コーナーを作りました。「アニマルチェック!!」は、おびひろ動物園が飼育し
ている動物に関する絵本や生態について、飼育員が選んだ本の一覧です。動物園
HPに掲載しています。

電子書籍導入

　2021年より帯広市電子図書館が開館しました。国がGIGAスクール構想を推進
していることから、帯広市でも児童・生徒1人1台端末のICT環境を整備しまし
た。そこで図書館では電子書籍貸出しサービス用IDを児童・生徒全員に発行し、
貸与されているタブレットから簡単にアクセスできるようにしました。朝読書や
調べ学習など学校で多く活用しています。結果、帯広市電子図書館の利用は児童・
生徒が全体の8割を占めているそうです。石津さんは、「利用者は20代から80代
までと幅広いので、大人の利用をもっと広げたい。開始した頃は機材の使用方法
の問い合わせが多かったが最近は無くなった」と説明してくれました。

1961年という年

　帯広市図書館は文芸誌『市民文藝』を年に一度刊行しています。地域文芸の振興を図る目的で、1961年の創刊から継続しています。帯広市及び十勝管内に在住の方が作品を応募できます。『市民文藝』は図書館で閲覧・貸出し・購入できるほか、市内の主要書店でも購入できます。また、18歳以下の方の作品をおさめた『とかちジュニア文芸』も年に一度刊行し、2023年春には13号の刊行を予定しています。こちらも『市民文藝』同様販売しています。帯広市学校公共図書館研究会編集による『読書感想文集』も図書館で発行しています。こちらは非売品です。

『市民文藝』『読書感想文集』
（2022年撮影）

　2誌いずれも同じ号数が記載されています。つまり2誌は1961年に同時創刊されたことがわかります。石津さんも「偶然なのか2誌の創刊が同年です。しかも60年以上続いていて、私よりも年上です！」と、驚いていました。

パスファインダー

　帯広市図書館のパスファインダーはとても種類が多く、館内から一通りもらおうとすると、かなりの枚数になります。パスノァインダーとは，あるテーマを調べる際に、基本的な図書資料、情報源、その探し方などを紹介した情報資料です。帯広市図書館の場合、A4判用紙を2つ折りにした4ページで制作されていますが、関連資料のリストなどを添付する場合もあります。

　子ども向けは26点。十勝ならではのテーマがいくつかあります。「小麦」「牛乳」「お肉」「豆」「変身する豆」など地域の産業が目立ちます。「変身する豆」では、豆の加工品について書かれています。また「宇宙」では、帯広市児童会館、りくべつ宇宙地球科学館、大樹町宇宙交流センターSORAなど宇宙について調べることができる施設も紹介しています

石津邦久さんプロフィール
1981年帯広市役所入庁。生涯学習部などを歴任して2021年帯広市図書館長に就任。

取材メモ	帯広畜産大学や帯広大谷短期大学との連携、月刊小冊子『よむよむタイムズ』の発行、帯広百年記念館との連携展示「マッチ箱展」など、活動は多岐にわたっています。帯広駅前なので気軽に訪問してはいかがでしょうか。

「わが町を思わせる1曲」
で企画やりませんか？

芽室町図書館
藤澤英樹さんに聴く

■芽室町プロフィール

　芽室町は十勝地方のほぼ中心、帯広から西へ車で20分ほど走ったところに位置します。約２万人の人口は帯広市のベッドタウンのためか、あまり増減がないそうです。肥沃な大地と気候条件に恵まれ、特にスイートコーンは作付面積、生産量とも日本一です。ゲートボール発祥の地です。

■芽室町図書館プロフィール

　図書館は1989年に開館。翌年、北海道建築奨励賞を受賞しました。蔵書は約13万冊、芽室駅から徒歩10分ほどです。入館すると左にある喫茶コーナー「カフェ来★ぶら～り」では、美味しいコーヒーとランチをいただくことができます。町づくりに携わる町内の方による運営で、図書館公式HPにランチカレンダーを掲載しています。

経費を使わない企画はいくらでもある！

　「自画自賛！」と藤澤さんは笑いながら、「経費をかけなくても面白い企画はできる。例えば、普段なかなか見ることができない公共施設内の見学や説明会に参加することができます。そこではほとんどコストをかけないで済むということです。図書館にはあらゆるカテゴリーがあるので、いろいろな施設と組むことができます。また企画の理由として常に読書推進、図書館振興を前面に出せば貸出し

にもつながります」と、強く語ってくれました。
　では、具体的にどのような企画を行ったのでしょうか？

夜のブッククラブ

　2020年度に読書会とビブリオバトルを合わせたような企画を行いました。テーマを設けて投稿を募ります。原稿は400字程度です。当日は投稿者がそれぞれプレゼンしますが、競い合う催しではないです。投稿していない方も気軽に参加できます。19時開始で大人をターゲットに行っています。これまで実施したテーマは、「無人島に持っていく本」「2019年私のベスト３」「恐ろしい本」など。特にユニークなテーマとして「積ん読＆いつか読む本」といったものがあります。自宅に積んである本のタイトルを読んで、読了気分になるというのはとてもユーモアがあります。「また実施したいな」と藤澤さんは呟いていました。

社会見学

　「社会見学」であって社会科見学ではないそうです。2015年からコロナによる行動制限を受ける前までに行った企画です。見学を行ううえで入場料がかからない場所を選び、十勝という土地にフォーカスを当てています。
◇裁判所で模擬裁判
　帯広簡易裁判所に「出廷」しました。裁判を実際に行える仕組みになっており、裁判官になる方は法服を着用します。事前に用意されたシナリオに沿って体験できます。
◇帯広警察署新庁舎落成記念
　普段警察署を訪問する機会は少ないかと思います。署内の見学から、逮捕する際に実際に使う手錠を見せてもらったりしたそうです。「想像していたより精密な作りだった」と参加者は驚いたそうです。
◇十勝毎日新聞社
　十勝の人々に親しみのある地元新聞社を見学。十勝毎日新聞（通称：カチマイ）は朝刊はなく夕刊のみの発行です。農業に従事する購読者が多く、早朝から仕事しているので、夕方帰宅した際に配達されているという仕組みです。毎年元旦の新聞に挟まれているチラシ広告はとてつもなく多く、新聞を折ることもできないほどだそうです。
　新聞社の巨大な輪転機も見学しました。参加者は驚愕！　新聞という「モノ」ができていく過程は学ぶことがたくさんあります。
　また「カチマイ」では「FM-JAGA」というラジオ局を開設、放送しています。放送室の見学をすると、いつも声を耳にするキャスターがいて、つい参加者も笑顔になります。

◇豊頃・浦幌の浜でのビーチコーミング

　ビーチコーミングとは海岸などに打ち上げられた漂着物を収集して、観察することです。ビーチコーミングを指導できる町民の方が説明し、浜に漂着した物を調べるという企画を行いました。子どもたちの調べ学習にもつながります。外国語が表記された漂着物もあり、集めた物を図書館で調べた結果、いろいろな発見があったそうです。

　海から遠い芽室町の子どもたちにとっては、普段海を見ることができないので、夏の貴重な時間となったことでしょう。

　いずれの見学も図書館からハイエースの公用車を藤澤さん自ら運転して現地に行き、一緒に見学することで図書館との連携はいくらでもできると確信したそうです。

漂着物？どのような物があったのでしょう？
（写真提供：芽室町図書館）

「穂村弘賞」「名言グランプリ」開催

　読書をしていると「この一言は納得できる名言だ！」という言葉に出合うことがあります。図書館でこういった名言を募集したところ、173点の名言が集まりました（2018年3月から6月まで）。この企画をもっと盛り上げたいと考えた藤澤さんは、札幌出身の歌人・穂村弘さんにお願いして、「穂村弘賞」を選んでいただきました。結果として6つの名言が選ばれました。またその「6つの名言」がどれかを当てる「名言グランプリ」も行いました。当てた方には、穂村さん直筆の短歌とサインの入った芽室町図書館オリジナルトートバッグを贈呈しました。「まさかこのようなものをいただけるとは思わなかった」と、当選者は大喜びです。

藤澤英樹さんプロフィール
石狩地方出身。1989年芽室町図書館勤務。図書館以外の部署を経て2016年図書館に復帰、2018年より館長に就任。

取材メモ　藤澤さんと対談した数日後メールが届きました。「町を知るために良い企画を思いつきました。『わが町を思わせる1曲』はいかがでしょう？札幌などはご当地ソングがありますが、小さな町でもその町を連想させる、思い起こさせる1曲ってあるのではないか？図書館は視聴覚資料も扱っている！」と、さっそく面白いアイデアをいただきました。

帯広市図書館／帯広市（おびひろし）　　　　　　　　＊4冊紹介してもらいました。

帯広市図書館開館100周年記念誌
帯広市図書館編／帯広市教育委員会発行／2020年

内容／令和2年12月2日に、帯広市図書館の前身である「町立大典記念帯広図書館」が発足開館してからちょうど100年を迎えるにあたり、作成した資料です。帯広市図書館の歴史がギュッと詰まった1冊になっています。

推薦理由／帯広市図書館の歴史だけではなく、帯広市の歴史も垣間見える内容になっています。また、帯広市電子図書館HPでも公開しており、図書館に足を運ばなくても、どなたでも読んでいただける資料です。

月刊しゅん
クナウパブリッシング／1998年創刊

Chai（ちゃい）
十勝毎日新聞社／1998年創刊

内容／帯広・十勝を代表する二大フリーマガジンです。地元のグルメ情報やイベント情報（図書館もいつもお世話になっています）、お出かけスポットの紹介などを掲載。当館では『しゅん』は創刊号から、『Chai』は2号から所蔵しています（欠号あり）。禁帯出資料ですが館内でご覧いただけます。

推薦理由／家族連れ向けの公園特集や博物館特集、おすすめスイーツや習い事特集などの生活に密着した情報だけではなく、ご当地グルメの豚丼や中華ちらしの歴史をひもとく特集、昔の駅や商店街の写真の特集がありと、知らなかった地元の歴史を知ることができます。帯広・十勝の生活必需品です。

帯広市大観
松浦沢一、立花正雄編著／帯広広告社／1954〜56年推定

内容／帯広市の昔の住宅地図。ページの横に市のどの辺りかがわかる小さな案内図もあり、わかりやすいです。当時の建物の写真も掲載されています。後半は「商工名鑑」となっており、いろいろな会社の広告なども見られます。B5判の本で開きやすく見やすいのもありがたいです。奥付に発行年がないのが残念なところ。

推薦理由／眺めていると、当時の帯広市の街の様子が想像できて、面白いです。当時を知る人たちには懐かしく、若い人たちは新鮮に感じるのではないでしょうか。こんなに空地が多かったんだ！など、新たな発見も。黒、赤、青の三色が使われているのも、見やすくてよい点です（青は川などの水の部分に使われています）。

音更町図書館／音更町（おとふけちょう）

音更の歴史に光を　集録集
音更郷土史研究会編／音更町教育委員会発行／2015年

内容／音更郷土史研究会が平成8年の結成以来、町の歴史について調査・研究してきた成果を網羅する冊子。主な内容としては音更の開拓や戦時中の様子、町内各地の農場の形成など先人の苦労が偲ばれるものになっています。

推薦理由／音更郷土史研究会が20年にわたって調査研究してまとめたもので、音更の歴史を知るうえで一級の資料です。

士幌町したしみ図書館／士幌町（しほろちょう）

北の大地に燃ゆ　農村ユートピアに賭けた太田寛一
島一春著／第三文明社／1986年

内容／士幌町の名誉町民。生産者が生産から加工・販売までを手がけ豊かな社会をつくりあげる農村の姿、「農村ユートピア」設立の夢を描き実現させた太田寛一の生涯を描いています。

推薦理由／農民の暮らしが楽になることを常に考え、士幌町だけでなく、十勝、北海道の農畜産業の振興に大きな功績を残した太田寛一について、多くの人に知って欲しいです。十勝の数々の苦難の様子が描かれており、読み物としても面白いです。

上士幌町図書館／上士幌町（かみしほろちょう）

僕たちの移住　廃屋からの家造り 牛舎改築大作戦
松岡つとむ、松岡えりこ共著／山猫工房／2006年

内容／2003年に上士幌に移住した松岡つとむさんとえりこさん夫妻が、土地の取得から家が完成するまでの体験記を写真やイラストで分かりやすく紹介した本です。自分たちで牛舎を改装して家を造った体験はもちろん、今は廃校となってしまった小学校をはじめ、当時の上士幌生活の様子が生き生きと描かれていて印象的です。

推薦理由／移住の盛んな上士幌町の発端を知ることができるような資料です。また、何もない所から、一つ一つ手作りで家造りを完成させていく様子は読んでいてエネルギーを感じます。郷土の生活をリアルに知ることができ、苦労をどのように楽しんで乗り越えて行くかの知恵が詰まった本です。

鹿追町図書館／鹿追町（しかおいちょう）

二度生きる神田日勝の世界
鈴木正實著／北海道新聞社／2003年

内容／鹿追町の代表的な画家である神田日勝。32年という短い生涯に残した作品を多くの人に観てもらえるようにと、住民が声を上げて建てられた神田日勝記念美術館。開館以来深く関わってきた著者は、何度も目にしている作品で再発見する。それは著者の姉の死の追憶、日勝の夭折など、人の生きざまが心に響く瞬間であったという。

推薦理由／神田日勝の絵には、観たものに何かを語らしめる力があります。果たして「馬（絶筆）」の前にもう一度立つとき、心には何が浮かぶのでしょうか。あの馬の目に、自分自身を見透かされそうな気がします。「絵を心で鑑賞する」感動を描いたこの本を読み、改めて日勝の作品と対峙して欲しいです。

二度生きる
神田日勝の世界

新得町図書館／新得町（しんとくちょう）

神さまたちの遊ぶ庭
宮下奈都著／光文社／2015年（光文社文庫2017年）

内容／福井からトムラウシに移り住んだ宮下家
５人。最寄りのスーパーまで37キロ。小中学校
あわせて15名の学校には元気満々曲者ぞろいの
先生たち。ジャージで通学、テストも宿題もな
いけれど、毎日が冒険、行事は盛りだくさん。
大人も子どもも本気の本気、思いきり楽しむ山
での暮らし。大自然に抱かれた宮下家１年間の
記録。

推薦理由／山村留学で１年間トムラウシに移り
住んだ宮下奈都さんが、子どもたちの学校生活
や地域の人たちとの交流を実名で書き下ろした
作品です。2016年本屋大賞を受賞した『羊と鋼
の森』は、宮下さんが移住中に執筆しています。
都会では経験することができない、新得町トム
ラウシ地区の豊かな自然の中での生活を感じさ
せる作品です。

神さまたちの
遊ぶ庭

清水町図書館／清水町（しみずちょう）

十勝開墾株式会社農場要覧
十勝開墾株式会社編／十勝開墾発行／1918年

内容／清水町開拓の歴史を語るうえで欠かすことのできない、十勝開墾会社の唯一発行
された記念誌。

推薦理由／2024年から新１万円札の顔になることが決まっている「日本経済の父」渋
沢栄一が設立に関わった十勝開墾会社がなければ、清水町の開拓はもう少し遅かったか
もしれません。鉄道敷設の働きかけ、学校の設立などその活動は多岐にわたっています。
先人の苦労が垣間見える貴重な資料です。

芽室町図書館／芽室町（めむろちょう）

小さいそれがいるところ　根室本線・狩勝の事件録
綾見洋介著／宝島社／2017年

内容／西部十勝（新得、鹿追、清水、芽室）が舞台の鉄道・歴史ミステリー。秘境駅を
訪れる鉄道マニアが遭遇する過去の未解決殺人事件と、現在の失踪事件をからめた歴史
スペクタル。第15回「このミステリーがすごい！」大賞・隠し玉。

推薦理由／町勢要覧では面白くない。以前、北海道図書館研究会に紹介したことがある
『第62代横綱大乃国の全国スイーツ巡業』（芝田山康著　日本経済新聞社　2006年）と
は違う切り口です。

更別村農村環境改善センター図書室／更別村（さらべつむら）

村のおと　村の暮らしの見本帖
更別村社会福祉協議会・ORIGAM ILab.企画／これからの大人の暮らし方を考える冊子づくり編集部編／
更別村社会福祉協議会発行／2020年

内容／本冊子は、「支えあい、元気に住み続けられるまちづくり」のコンセプトのもと、村社会福祉協議会が、村から委託された生活支援体制整備事業の一環として、村内で生き生きと暮らすシニアを紹介。ワークショップ参加者による村の31名へのインタビュー形式で、今後の暮らしを考えるヒント等が簡潔に掲載されています。
推薦理由／高齢化によって沈みがちな日常を、いかに魅力あるものにするかが我々の課題です。本冊子が明確にしている「幸せに暮らす5つの要素」を、ぜひ読者に感じてほしいとともに、本書を通じて地域でこのような活動が行われていることを知ってもらい、人とのつながりや幸せのあり方を考えるきっかけになってほしいです。

大樹町図書館／大樹町（たいきちょう）

1ねん1くみ1ばんおかねもち
後藤竜二・作／長谷川知子・絵／ポプラ社／1991年

内容／北海道出身の児童文学作家・後藤竜二氏の『1ねん1くみ』シリーズのうちの1冊。北海道の牧場に遊びに来る子どもたちの物語。
推薦理由／物語に登場する砂金の採れる「れきふね川」は、街中を南北に分ける形で日高山脈から太平洋へ流れる河川。砂金は採取できますが、砂金掘りの技術を持つ人は減少傾向です。町の歴史の一部として保存していくため、子どもたちに伝わりやすいと考えた1冊です。

1ねん1くみ1ばん
おかねもち

広尾町立図書館／広尾町（ひろおちょう）

広尾の文化財　改訂版
広尾町教育委員会編・発行／1999年

内容／広尾町開町130年を迎えた平成10年、記念事業として『広尾の文化財改訂版』が発刊されました。広尾町郷土研究会の2年余に亘る調査により『広尾の文化財』が発刊されてから15年。この間に資史料が発掘され、新事実が判明したことを受け、文化財の指定物件の追加、さらに天然記念物、埋蔵文化財、名勝地などが補足された改訂版です。
推薦理由／文化財や天然記念物など一項目ずつ写真や説明があり、物を通じて広尾町の歴史の一部を垣間見ることができます。所在地の記載もありますので興味を持った際には訪れて見ることができ、さらに詳しいことが知りたい場合は気になったキーワードを元に町史を調べてみるなど、導入・きっかけとしても読みやすい本だと思います。

幕別町図書館／幕別町 (まくべつちょう)　　　　　　　＊札内・忠類分館も含みます。

町民文芸　まくべつ
町民文芸「まくべつ」編集委員会編・発行／1985年創刊

内容／2022年に第38号の発行を迎えました。文芸作品の発表の場のみならず、地域の方個々人の視点を通じて、町の出来事や街並みの移り変わりが記録されています。加えて、「幕別町の橋・坂物語」「商店物語」など、各号で組まれる特集が地域の歴史資料としての役割も果たしていて、これからその役割が一層増していくと思われます。

推薦理由／第8号は幕別地区、第9号では札内地区の当時の駅前商店街の方々が、昭和初期・戦中・戦後などの町の出来事や様子を語り合っています。他の号でも地域に根差した題材を取り上げ取材。自治体史には掲載されていない写真や地図も掲載されています。多くの地域の方々の詳細な記録は、レファレンス資料としても貴重です。

池田町立図書館／池田町 (いけだちょう)

十勝ワイン・ジェネシス　池田町ブドウ・ブドウ酒研究所創世記物語
池田町ブドウ・ブドウ酒研究所著・発行／2013年

内容／町の名産品である「十勝ワイン」事業50周年を記念して発刊された記念誌です。表紙には町のシンボルともいえる「ワイン城」が描かれており、十勝ワインの種類や成り立ちをはじめ、全国初の自治体経営ワイナリーとしての歴史などもまとめた資料となっています。

推薦理由／「十勝ワイン」という地域ブランドワインの資料としてはもちろん、「ワインの町」と呼ばれるようになるまで池田町が十勝ワインをどのように町の文化や発展に組み込み、盛り上げてきたかも綴られているため、町の歴史としても読むことができます。

十勝ワイン・ジェネシス

豊頃町図書館／豊頃町 (とよころちょう)

豊頃　Travel Guide Book
豊頃町観光協会発行／2020年

内容／タイトルの通り、旅のガイドブックです。豊頃町のフォトスポットや地元の食材が味わえるお店、月ごとの行事や豊頃町の歴史などが載っています。スイーツやグルメ、特産品などの写真があって分かりやすいです。QRコードが載っているページもあるので、スマートフォンから確認することもできます。

推薦理由／豊頃町の魅力がギュッとつまっていると思います。インスタ映えする自然景観スポットや、歴史スポットなどが載っている地図もあります。この1冊が旅のお供になりますよ。

本別町図書館／本別町 （ほんべつちょう）

本別百人一首
本別公民館短歌会・本別百人一首編集委員会編／本別公民館短歌会発行／1989年

内容／本別公民館短歌会が結成40年を記念し、町にゆかりのある歌人（故人、町民による応募を含む）100人から短歌一首ずつ選び、編集した歌集。文芸活動が盛んだった本別町の歴史を伝え、楽しみながらふるさとを学べるようにと発行されました。昭和3年から同63年までの作品が作者の五十音順に掲載されています。

推薦理由／身近な風景、毎日の仕事や生活の歌の中に、本別の自然や歴史の流れが詠み込まれた「ふるさと歌集」です。索引に作品年が記載されているので、さまざまな職種の作者による歌の時代背景から、町の出来事や産業の移り変わり、人々の暮らし向きに思いを馳せられます。このような文化を伝える町であると知ってほしいです。

足寄町図書館ルイカ／足寄町 （あしょろちょう）

星降る湖オンネトー
寺島静雄著／寺島写真事務所発行／2000年

内容／阿寒摩周国立公園の最西端に位置するオンネトーは、季節や天候、見る角度によって色が変わる「神秘の湖」と言われています。その自然が織りなす天空の不思議、動物たちとの予期せぬ遭遇を季節ごとに収めた写真集です。

推薦理由／雄大な自然と多種多彩な動植物を1冊で堪能できます。季節の移り変わりと共に、そこに顔を出す野生動物の表情にもご注目ください。この美しい自然をいつまでも大切にしたいですね。

陸別町公民館図書室／陸別町 （りくべつちょう）

陸別が好き。vol.1、vol.2
エイデル研究所企画・製作／陸別移住を応援する会発行／vol.1 2015年、vol.2 2017年

内容／町内で輝く人たちにスポットをあててインタビューをし、それぞれの陸別への思いを語ってもらった書物です。

推薦理由／町内に住む人や町出身の多くの人にインタビューをしています。これほどまでに熱い思いを語ってくれる人々がいることが陸別の魅力です。

浦幌町立図書館／浦幌町 （うらほろちょう）

うらほろ あいうえお
浦幌布絵本の会制作／2021年

内容／「あ行」から「わ行」まで、それぞれの言葉に合った浦幌町に関係する絵がフェルトと刺しゅうで作られている布絵本です。『うらほろ　あかさたな』と『うらほろ　はまやらわん』の2種類あります。

推薦／この絵本は、浦幌町に在住のボランティア「浦幌布絵本の会」のみなさまが、構想から5年もかけて作成した布絵本です。一針一針手縫いで作成されていて、フェルトと糸で形作られた浦幌町にゆかりのある自然やイベントの絵は、どれも可愛らしく、温かみがあります。ただ一つ、浦幌町に1冊しかないオンリーワンの布絵本です。

唯一無二の本棚「北の本箱」

郷土（地域）資料は、一般的には、郷土に関した資料、郷土人や出身者による著書を指しますが、当館は、町に縁もゆかりも無い著名人の図書展示コーナーがあります。類稀なる世界に２つとない幕別町の宝物、「北の本箱」が設置されたのは、平成９年11月。作家の森村誠一さん、資生堂名誉会長の福原義春さん、劇作家の平田オリザさんをはじめ18名の著名人からの寄贈本を展示してきました。これまでに寄贈された本は約４万冊にものぼります。

事の発端は、『現代ニッポンにおける人生相談』（週刊朝日別冊1997年）で、評論家や作家のみなさんの本の置き場がないという悩みが、同誌の企画編集をしていた幕別町出身のジャーナリスト、故・和多田進さんから幕別町に投げかけられ、「図書館の蔵書として寄贈をお引き受けします」と回答したことでした。本の寄贈をきっかけに森村さんの講演会や平田さんのワークショップの開催など、それまでゆかりのなかった著名人との縁を生んだこと、多種多様なジャンルの著名人が所有していた本を手に取れることから、「北の本箱」は、文化人の知恵と人脈を生かした町づくりとして全国紙でも紹介されました。

20周年には、経済界随一の読書家といわれる福原さん、幅広い人脈を生かし広く町民の紹介や宣伝をしていただく町の文化大使、「町友」でもある平田さんに取材を行い、その内容を当館ホームページで紹介。取材では、福原さんが、"カクログであれば幕別にいながら世界の名作を見られる"という思いから、美術館の展覧会図録を意識して選び、寄贈していることを知りました。平田さんは、"地方の中核都市を隣に抱えていながら、小さい町ゆえに先進的な施策も打ちやすいところが幕別の強みだと思う"と語りました。

本という媒体を通して文化と人とをつなぎ、今なお連綿と本の縁が続く「北の本箱」は、寄贈者のみなさまの幕別町への思いが込められた郷土資料です。

（幕別町図書館　民安園美）

私が薦める
十勝を知ってもらうならこの1冊！

　皆さん十勝バスという十勝の老舗企業を知っていますか。

　十勝を知るための1冊として、ザ・本屋さんの郷土史のコーナーで展開している『黄色いバスの奇跡』を紹介します。

　十勝バスは地元では「かちばす」の愛称で知られる老舗の会社です。この本はその4代目社長の野村文吾さんのお話です。私も十勝の企業経営者として「かちばす」の野村文吾社長とは親交があり、同社は十勝を代表する会社の一つだと思っています。

　『黄色いバスの奇跡』は倒産寸前だった十勝バスを4代目社長がどう再生し、従業員と向き合っていったかというのが描かれています。

　ちなみに十勝バスといえば十勝では知らない人がいないくらいの有名な会社です。最近では帯広市内の高齢化が進む大空地区での交通難民向けに「買い物バス」や「にくや大空」など多くのことにチャレンジし注目を集めています。

　この本の中で一番大事なのは、単なる再生物語ではなく4代目野村文吾社長が経験した社長就任時の従業員さんとの生々しい軋轢や、新しい取り組みへの葛藤など、人間味の溢れた泥臭い模様が赤裸々に描かれているところだと思います。

　著者の吉田理宏さんは野村文吾社長の大学時代の先輩です。本を読み進めていくと先輩から見た視点の野村文吾社長も感じられます。

　私の経営するザ・本屋さんも、十勝という地域になくてはならない十勝バスのような会社として発展し持続していきたいと思います。十勝バスは札幌など都市間バスなども運行しています。この本を読んでバスの旅に出るのも楽しみの一つといえるかもしれません。

　是非、バスに乗ってみてください。そこにはゆったりとした旅の楽しみが満喫できます。

（ザ・本屋さん　高橋智信）

『黄色いバスの奇跡 十勝バスの再生物語』
吉田理宏著／総合法令出版／2013年

ザ・本屋さん本部
　帯広市西11条南1丁目11番地
　TEL：0155-58-5991

僕たち『グラブを本に持ちかえて』も、すごいんです！
北海道日本ハムファイターズの読書推進活動

　北海道日本ハムファイターズはさまざまな社会貢献活動を行っています。その中に、2014年より行っている『グラブを本に持ちかえて』と題した読書推進活動を、地域に寄り添って展開しています。

●読み終えた本をみんなでシェア
　2022年の札幌ドームでの主催22試合では、読み終えた絵本や小説など、多岐にわたるジャンルの書籍をファンから提供してもらい、道内の読書環境整備を進めている一般社団法人北海道ブックシェアリングへ2823冊寄贈しました。球団関係者からの寄贈本もありました。

●「選手推薦図書」リスト
　選手やマスコットたちによる図書リストは、選手が本にとても親しんでいる様子が伝わります。2021年は、「SDGs（持続可能な開発目標）」をテーマに絵本の推薦リストを作成。伊藤大海投手などからの推薦コメントを添えた20冊が掲載されました。

●本を読んでファイターズを応援しよう！
　株式会社パイロットコーポレーション協賛によるキャンペーン。小学生を対象に夏休み期間前後で、目標冊数を読み終えた児童にPILOT製「ファイターズロゴ入りシャープペンシル」をプレゼントします。
　この活動は、北海道と日本ハムグループ、札幌市と日本ハムグループの包括連携協定に基づき、2022年は116の自治体、163の図書館などで実施しています。本書に登場している図書館もたくさん参加しています。毎年春に発表される「北海道青少年のための200冊」も推奨しています。

　その他「選手の読み聞かせ」企画では、図書館や幼稚園などに訪問。また、選手プロデュースによる絵本『もりのやきゅうちーむ　ふぁいたーず』シリーズは、選手が原案作りに携わって2015年から3点制作しました。

釧路

（くしろ）

弟子屈町

標茶町

鶴居村

釧路市

白糠町

厚岸町

浜中町

釧路町

釧路市

文学館を併設した
図書館への誘い

釧路市中央図書館
石原美津代さんに聴く

■釧路市プロフィール

　釧路市は、北海道の太平洋沿岸東部に位置する人口約16万人の都市です。東北海道の中核都市として社会、経済、文化の中心的な機能を担っています。2005年に釧路市，阿寒町，音別町が合併して今日の釧路市が誕生し、約1363kmの面積を有しています。釧路空港や釧路港が人やモノの流れの拠点となっており、地域産業を支えています。基幹産業は水産、紙パルプ、石炭などで、特に水産基地である釧路は日本有数の水揚げ量を誇ります。

　夏は冷涼で過ごしやすく、長期滞在者が増えています。夏場に霧が発生することが多く、釧路は霧の町としても有名ですが、秋から冬にかけては晴天に恵まれます。

■釧路市中央図書館プロフィール

　1925年、摂政（後の昭和天皇）のご成婚を記念して、「御成婚記念釧路市簡易図書館」が公会堂内に開設されたのが釧路市図書館の創設となります。その後、1950年「市立釧路図書館」へ改称、1973年旧図書館を新築しました。

　旧館は約45年間にわたり市民に親しまれてきましたが、老朽化に伴い2018年に釧路市中央図書館として北大通に新築された新釧路道銀ビル内にオープンしました。JR釧路駅から徒歩5分ほどの場所にあります。

　地震の多い地域なので、減震装置付書架を導入しています。津波警報が発令されたときの津波一時避難場所にも指定されています。

　釧路市の図書館は中央図書館のほかに、分館・分室として西部地区図書館、東部地区図書館、中部地区図書館、音別町ふれあい図書室、阿寒町公民館図書館があります。中央図書館と地区3館は一般財団法人くしろ知域文化財団が指定管理者として運営しています。阿寒町公民館図書室と音別町ふれあい図書室は釧路市教育委員会が直接管理運営しています。

　全館は共通の図書館システムが構築され、図書館サービスの高度化を図っています。現在の中央図書館の蔵書は約35万冊です。

釧路文学館の開設

　中央図書館のオープンとともに同館に併設された釧路文学館は釧路で生まれた文学、釧路ゆかりの文学を取り上げ、「文学の街・釧路」を広く発信しています。「文学館の誕生は、30年越しの市民の悲願でした。私にとっては文学館運営の知識や経験もなくゼロからのスタートで、関係者の皆さんにご指導いただきながら取り組んだ無我夢中の数年間でした」と、準備、開設の思い出を石原さんが話してくれました。

　同館は釧路に関連する文学資料を収集・保存するほか、地元の文学活動を支える拠点的役割も果たしています。企画展、講演会などのトークイベント、マンスリー朗読会を行っています。釧路ゆかりの作家、原田康子さん、桜木紫乃さんら11名の直筆資料なども所蔵しています。

釧路文学館（写真提供：釧路市中央図書館）

文学館と図書館の連携

　文学館と図書館が連携してさまざまなイベントを行っています。例えば図書館の資料を文学館で展示したり、文学館の企画展に関連した映画を図書館で上映することもあります。

2020年に開催した企画展「釧路ゆかりのマンガと絵本」では、釧路出身の小畑友紀さんによる『僕等がいた』、阿寒や釧路湿原などが聖地巡礼スポットにもなっている野田サトルさんの大ヒット作『ゴールデンカムイ』、主人公の三平が釧路を訪れる矢口高雄さんの『釣りキチ三平』など、図書館所蔵の漫画を展示紹介しました。このときは、釧路出身の板垣恵介さんによる漫画「バキ原画展」、種村有希子さんと加藤休ミさんの絵本原画展も同時開催され、今敏さんが手掛けたアニメ『パプリカ』『東京ゴッドファーザーズ』の上映会も行っています。

　2021年に開催した企画展「映画になった小説たち」では、映画化された釧路舞台の小説をポスターや台本など図書館所蔵の映画関連資料とともに紹介しました。第149回直木賞を受賞した桜木紫乃さんの『ホテルローヤル』は映画公開直後ということで、映画配給会社よりPR動画や映画のスチール写真などを提供してもらって展示しています。北海道が舞台の小説を映画化した『起終点駅ターミナル』『海炭市叙景』『蟹工船』の上映会も行われました。

　石原さんは、「図書館に文学館が併設されている利点は、所蔵する資料を相互に活用できることです。今後は郷土資料、絵や音楽との融合を視野に企画を考えていきたいです」と、抱負を語ってくれました。

釧路市中央図書館朗読会

　毎年秋の読書週間に合わせて開催する「としょかんフェスタ」のイベントの1つです。北海道新聞で「道内文学」（創作・評論）を担当している文学研究者・小田島本有さんの協力を得て14年間続いている催しです。朗読会では桜木紫乃さん、河﨑秋子さん、三浦綾子さんなどの作品を取り上げてきました。毎年朗読者を公募していますが、早い時には3日で定員になるほどの人気企画だそうです。市内で活動する複数の朗読グループの存在も大きく、石原さんは朗読の文化が釧路に根付いていることを実感しているそうです。

石原美津代さんプロフィール
釧路出身。2008年より市立釧路図書館に勤務。2018年釧路市中央図書館内に開設された釧路文学館開館準備に従事。2021年に釧路市中央図書館と釧路文学館の副館長に就任。

取材メモ　石原さんは、「美味しい魚を刺身やたたきで食べられるのが釧路の良いところ。霧に包まれると幻想的な幣舞（ぬさまい）橋周辺の釧路川リバーサイドは、いわば私の原風景です。外国船の船乗りの口コミで、釧路の夕日はインドネシアのバリ島、フィリピンのマニラと並んで、世界三大夕日と言われています」と、ほほ笑んでいました。

釧路湿原を
図書館バスが走る

標茶町図書館
丹和也さんに聴く

■標茶町プロフィール

　人口約7300人に対して牛が約4万5000頭。人口の6倍以上の牛が生活している町です。釧路の北東40キロに位置し、南部には釧路湿原を有しています。1,099.37㎢という面積は全国の町村では6番目の広さです。総面積2,128haと日本最大級の広さをもつ「標茶町育成牧場」には360度の地平線が見渡せる「多和平（たわだいら）展望台」があります。北海道で生息するあらゆる動物たちと共存しており、丹頂鶴やエゾシカ、キタキツネ等の動物たちと出会うことができます。

■標茶町図書館プロフィール

　標茶駅から徒歩13分。1944年標茶青少年練成場で本を貸し出していたのが起源です。1956年、北海道立図書館分館に指定されます。そして1983年、現在の図書館が新築され、図書館バスの巡回が始まりました。

　学校はもちろん、各地区公民館や郵便局など幅広い施設に配本所を設けており、町内のさまざまな場所で本を借りることができます。基幹産業である酪農業関連の資料を重点的に収集しており、蔵書は約11万冊です。

司書が図書館バスのハンドルを握る！

　現在、図書館バスは7つの地域、6つのコースを巡回、午前と午後、コースを変えて運行しています。走行距離は1日およそ50km、日によって100km以上走行することもあるそうです。巡回先は主に幼稚園・保育園、小中学校、学童保育

施設で、その他希望のあった施設
や個人宅にまで及びます。一度に
1800から2000冊、児童書がやや
多いですが一般書も載せていま
す。とにかく広大な町なので図書
館バスは町民にとって必要不可欠
なサービスとなっています。

「としょかんバス」（2019年3月撮影）

　真冬も安全第一ですが、余程の
悪天候でない限り運行するそうで
す。年間を通してシカやヘビなど
野生の動物を見かけることがあ
り、幸い接触事故やクマに出くわ
したことはないそうですが、最近市街地周辺でもクマの出没があるので、油断は
できないです。

　丹さんは、標茶町図書館に勤務する前の市立釧路図書館でも図書館バスを担当
しており、10年を超えるキャリアです。幼稚園・保育園から小中学校すべて巡
回しているので、子どもたちの成長を見ることができるそうです。最近役場に就
職した方に丹さんは「私のこと覚えている？」と聞いたら、「もちろんですよ」
と言ってもらい、とても感慨深かったようです。

　「会いに行く、待っている」という、人と人とのコミュニケーションが見事に
成立しているように見受けられました。町内の子どもたち、学校や公共施設の職
員などといつも接しているので、丹さんを知っている町民がとても多いです。北
海道内の司書で自ら図書館バスを運転し、バスに載せる図書の選書など細かい図
書館サービスも行っているのは珍しいかもしれません。

　地元小学生を対象に車体のイラストコンクールを開催。当時小学3年生だった
児童の作品が最優秀賞を受賞して、図書館バスのイラストに採用されました。そ
の子も、現在はもう大学生だそうです。

地域おこし協力隊との連携

　標茶町と馬の歴史は古く、戦前は軍馬を生産していました。現在では乗馬サー
ビスに重点を置いています。

　「道東ホースタウンプロジェクト」は標茶町と民間企業との連携プロジェクトです。
ふるさと納税を活用して乗馬スクールだけではなく、乗馬ができるホテルなどの観
光事業にも取り組んでいます。そこに標茶町地域おこし協力隊も関わっています。
これらの事業を応援しようと図書館と協力隊が連携し、図書館が所蔵する馬関連の

図書資料に加え、地域おこし協力隊の資料や道立図書館の資料約80点を一斉に図書館で展示しました。これからも協力隊との連携を行っていきたいそうです。

道東ホースタウン

道東ホースタウンプロジェクトHPより

丹さんはさらに出かけていく

　丹さんは、生後7か月児健診時での「ブックスタート」や、12か月児健診時の保護者へ読書相談をはじめ、図書館や図書館バスの利用方法などの広報活動を行っています。保育園行事へも積極的に参加しています。また、町内の小学校5校では読み聞かせを、高学年に対してはブックトークを行い、授業1コマを使って講座を行うこともあるそうです。

丹和也さんプロフィール
釧路市出身。市立釧路図書館にて3年嘱託職員として勤務。2008年より標茶町職員として図書館勤務。

取材メモ

丹さんが運転する図書館バスに同乗させてもらいました。「待っていてくれる町民がたくさんいる、〇〇さんが待っている」という優しさと責任が、同乗していてとても伝わります。

「以前、図書館計画施設研究所所長の菅原峻さんの講演を聴講した際、『図書館員は自分たちが落ちる穴を自分たちで掘ってはいけない。その意味は自分たちで考えてください』と言われ、ずっと心に残っていました。最近この言葉を改めて考えています。これから5年先、10年先をイメージしながら、視野を広く持って考えていくこと。そこに、この言葉の意味があるのではないかと思うようになりました」と語る丹さんが、とても印象的でした。

KUSHIRO BOOK GUIDE

釧路市中央図書館／釧路市（くしろし）　　　＊地区館のアンケートは中央館で統括しています。

海霧　上・下巻
原田康子著／講談社／2002年

内容／幕末から昭和にかけて、激動の時代を駆け抜けた著者の先祖一族の生きざまを基に描いた大作。主人公・平出幸吉は、明治初めに佐賀から釧路へ移住し、海産商として成功した原田康子の曽祖父・原田幸吉がモデル。

推薦理由／旧鳥取士族の入植、春採炭山の開坑、愛北橋の架橋、鉄道の開通…明治から昭和にかけての釧路の史実が織り込まれています。『挽歌』で一世を風靡し、数々の作品を世に送り出した著者が、丹念な取材を通じて自身の先祖について書き上げました。原田文学の集大成と言える作品です。第37回吉川英治文学賞受賞。

釧路港 味覚の散歩みち　釧路新書別冊
工藤虎男編著／釧路市発行／2005年

内容／ホッケ、サンマ、トキシラズ、ハッカク、ツブ…釧路の浜で獲れる海の幸。漁業関係者おすすめの調理法や食べ方を軽妙な語り口で紹介します。郷土料理として親しまれている釧路の食文化がぎっしり詰まった浜のレシピ本。

推薦理由／釧路を知るうえで最も分かりやすい入門書・釧路新書シリーズの別冊。漁業関係者直伝の美味しい食べ方を知ることができるイチオシの郷土資料です。潮の香りがするような感覚、釧路川の河畔や炉ばたにいるような臨場感を覚えます。付録「くしろ魚ごよみ」を参考に、旬の海鮮を味わいたくなります。

くしろ写真帳
木村浩章、佐藤宥紹、柴田哲郎、中江徹、藤田卓也、北海道新聞社編著／北海道新聞社／2020年

内容／釧路が都市へと急成長した大正から昭和期を中心に、これまでの街並みを写真や絵はがき、地図約470枚でたどります。年表も掲載、見返しに地図・写真あり。

推薦理由／釧路市の基幹産業である水産業・石炭鉱業・製紙業の歴史や、街のシンボル・幣舞橋をはじめとする中心街の変遷について、豊富な写真と年表でその歴史をたどることができます。お祭りや花火大会などのイベント、動物園などの写真から釧路の魅力が伝わってきます。

ホテルローヤル
桜木紫乃著／集英社／2013年（集英社文庫2015年）

内容／釧路湿原を望むラブホテル「ホテルローヤル」が舞台。廃墟となった現在からホテルが建てられた過去まで時間を遡り、そこを訪れる客、経営者とその家族、従業員それぞれの人生を描いた連作短編集。

推薦理由／釧路出身の桜木紫乃さんは、この作品で第149回直木賞を受賞しています。作品のモデルとなった「ホテルローヤル」の跡地を訪ねる人もいて、大変話題になりました。2020年に映画化され、和商市場など釧路でもロケが行われました。釧路市内の見慣れた風景が随所に描かれていることから作品に親しみを感じます。

タイガとココア　障がいをもつアムールトラの命の記録

林るみ・文／釧路市動物園・写真／朝日新聞出版／2009年

内容／釧路市動物園で生まれたアムールトラ、タイガとココアは生まれたときから軟骨形成不全症でした。「命をつなぐ」ために、前例のない人工保育に挑戦する職員と、障がいを抱えながらもたくましく成長していく2頭の記録。

推薦理由／釧路市動物園では北方系の希少動物などを繁殖させ、間近で見せることに力を注いでいます。その一環で生まれたタイガとココアは、たくさんの人に勇気と希望を与えました。タイガは1歳のときにこの世から旅立ちましたが、ココアは今も釧路市動物園で暮らしています。ココアに会いたくなる、釧路市動物園に行きたくなります。

タイガとココア
障がいをもつ
アムールトラの命の記録

マリモを守る。若菜勇さんの研究

千葉望・文／荒谷良一・写真／理論社／2009年

内容／阿寒湖の風と水のめぐりでゆらぐマリモは、なぜ阿寒湖でだけ大きく丸くなるのか、どうすれば守っていけるのか。マリモ専門学芸員による研究を通して、阿寒湖周辺環境の大切さ、多様性の保持を訴える児童向け図書。

推薦理由／世界各地に分布しているマリモですが、阿寒湖のマリモは天然記念物に指定されていて絶滅の危機です。そのさまざまな要因に関する調査研究の内容や、生物多様性の重要さが、より分かりやすい言葉で表現されています。

釧路町とおや図書室・せちり図書室／釧路町（くしろちょう）

釧路町難読地名ガイド　時空旅行

釧路町経済部産業経済課商工観光係著・発行／2020年

内容／釧路町内の難読・難解な地名の由来について解説したパンフレットです。
推薦理由／釧路町の開拓の歩みは、沿岸から内陸へと発展経過をたどっており、地名は、その地形や特有の現象をもって表現され、しかも、そのほとんどがアイヌ語です。それに、和語を当てて、現在の地名としているため、難読・難解では、北海道でも断トツの地名群です。

本の森厚岸情報館／厚岸町（あっけしちょう）

開拓者のむすめ

高橋みさお著／文芸社／2022年

内容／「厚岸町トライベツ」の開拓者として入植してきた両親のもとに生まれた著者が、開拓当時の苦労やその後の家族の歴史などを振り返り綴った自伝書。
推薦理由／『開拓者のむすめ』は厚岸町の山間部トライベツの開拓当時のことが著者の実体験や両親の話を基にして書かれているため、当時の様子が詳細にわかります。開拓の大変さやトライベツ地域ならではの人の温かさなどが綴られており、厚岸町の歴史を知る書物です。

本の森厚岸情報館分館／厚岸町 (あっけしちょう)

小島の暮らし　北海道厚岸町
青地久惠著／驢鳴洞（ろめいどう）工房発行／2019年

内容／弟子屈町出身の著者が、1966年小島小学校に勤める夫と同居するため厚岸町小島で生活を送ることになりました。2年間の小島での暮らしを、当時小島で暮らしていた子どもたちの作文や写真を交えながら描かれた作品。

推薦理由／厚岸町は海と山がある町で、この『小島の暮らし』は小島で暮らした著者が、実体験を基に書いた本です。厚岸町に「小島」という小さな島があることや、厚岸町で盛んなコンブ漁のことなどが描かれています。
＊2019年9月刊行の第2刷は藤田印刷エクセントブックスより発行。

浜中町総合文化センター図書室／浜中町 (はまなかちょう)

花の湿原 霧多布
伊東俊和著／北海道新聞社／1999年

内容／浜中町にある霧多布湿原は国の天然記念物に指定されており、1993年にはラムサール条約に登録されました。この本では、「花の湿原」とも呼ばれる霧多布湿原ならではの美しい花を、季節ごとに紹介しています。

推薦理由／色鮮やかな美しい花々のほか、湿原近辺で見られるエゾシカやタンチョウなどの野生動物、絶景ビューポイント、町の基幹産業の一つであるコンブ漁についても紹介されており、浜中町を堪能できます。

標茶町図書館／標茶町 (しべちゃちょう)

大草原のとしょかんバス
岸田純一・作／梅田俊作・絵／岩崎書店／1996年

内容／ある少年が草原を歩いていると、図書館バスに乗ったおっちゃんに話しかけられ、そのまま同行することに。牧場で牛に読み聞かせをしたり、収穫祭でベコおどりを踊ったり、ユーモラスでどこかあたたかい気持ちになる、広大な標茶町を走る図書館バスを描いた絵本。

推薦理由／絵本作家・梅田俊作さんによる優しいタッチで、広大な標茶町の景色が描かれています。作者は、前図書館長の岸田純一さんです。本を読むことの自由さと楽しさ、図書館バスの魅力が、標茶の雄大さと合わせてユーモアたっぷりに描かれています。

大草原の
としょかんバス

弟子屈町図書館／弟子屈町 （てしかがちょう）

熊牛原野　北海道の荒野に敗れるまで　広報新書1
更科源蔵著／広報発行／1965年

内容／弟子屈町出身で「原野の詩人」と呼ばれた更科源蔵の半生が書かれています。開拓地の厳しい自然の中で生まれ、野の花を友だちとした幼少時代、成長してコタンの学校の代用教員（更科がアイヌ文化を研究するきっかけとなる）や密漁監視、牛飼いの仕事に従事したものの夢破れて故郷の熊牛原野を離れ、札幌に移るまでが描かれています。
推薦理由／北海道の開拓の歴史の一端が描かれ、弟子屈の昔を知るうえでも重要な資料です。開拓者として暮らしてきた立場から日々の生活の喜びや悲しみが書かれ、先人の苦労のうえに今の郷土が築かれたことが理解できます。季節ごとに見せるさまざまな自然の表情が描写されるとともに、周囲の開拓者やアイヌ民族との交流がいきいきと表現されています。

鶴居村図書館／鶴居村 （つるいむら）

ツルになったおばあちゃん　ツルとトメさんが教えてくれたこと
渡部トメ・話／伊藤重行・文／和田正宏・写真／中西出版／2007年

内容／長年タンチョウの給餌を行ってきた渡部トメさんが、タンチョウと関わりながら生きて体験したことや感じたことについてエピソードを交えながら語った話を、多くの写真とともにまとめています。

ツルになった
おばあちゃん

推薦理由／村のシンボルであるタンチョウと一番近くで生きてきた渡部トメさんは、タンチョウの目線で見た人間の姿や地元の出来事などを教えてくれます。また、豊かな自然に生きるタンチョウの姿を捉えた写真も地元の魅力を伝えてくれています。韓国語、台湾語、英語の訳もあり、幅広い方々に地元のことを知ってもらえる資料です。

白糠町公民館図書室／白糠町 （しらぬかちょう）

ぼくはたいようのて　白糠ふるさと絵本　改訂版
しらぬか・ふるさと絵本の会・作／佐藤豊博・絵／白糠町教育委員会発行／2009年

内容／白糠には町のシンボルタワーとして町民から親しまれる「太陽の手」というモニュメントがあります。この「太陽の手」が町の子どもたちを優しく見守る物語『ぼくはたいようのて』と、アイヌ伝説『ししゃものおはなし』の二つの物語が収められているふるさと絵本です。
推薦理由／「海」「山」と自然に恵まれた白糠の良さが伝わります。全体を通して優しいタッチで描かれており、温かい気持ちになれる絵本です。子どもたちにふるさとを好きになってもらえるよう願いを込めて作られました。

公共図書館が育むシビックプライド

シビックプライド（Civic Pride）は誤解されやすい概念である。「お国自慢」の域を脱しないものだったり、シティプロモーションやシティセールスに大きくずれ込むケースも多く、「郷土への愛着や誇りを当事者としてのまちづくり意識の醸成や暮らしの質向上へのまなざしにつなげる」という本来の意味合いを果たしているケースはまだ少ない。

そのなかで「シビックプライド醸成の場」として期待されているのが公共図書館である。道内においても、函館市中央図書館は「地域文化の発展と、市民の社会への思慮ある参加の促進に寄与する」（函館市中央図書館資料収集方針、2009年施行）ことを明確に役割として掲げ、石狩市民図書館は「これまでの図書館運営の成果と課題を元に、これからの図書館運営の方向性を明確にし、よりよい社会づくりに向けて市民とともに成長する図書館」（石狩市民図書館ビジョン2020年度策定）と、未来志向での市民図書館づくりを進めている。また「地域の暮らしと密着

し、生産課題や生活課題に応え得る図書館」（置戸町立図書館基本構想、2001年策定）づくりをいち早く手がけている置戸町立図書館のような存在も頼もしい。

文言には高らかに謳うものの、実際は……という館も少なくないなか、前述の3館は「訪れて納得。資料に触れてさらに納得」という大変に素晴らしい資料収集と提供を進めており、足を運ぶべき館である。

わが国では「昭和の大合併」の際、貴重な公文書や地域資料の散逸が多く発生し、その反省をもとに、「平成の大合併」では慎重な取り扱いが求められたが、やはりここでも多くの散逸が見られた。令和期においても大なり小なりの合併が考えられることから、各々の自治体においては、あらためて地域資料へまなざしを向けてほしい。それらは単なる保存資料ではなく「まちづくり当事者としての意識の醸成」に欠かせない財産だからである。

（一般社団法人北海道ブックシェアリング　荒井宏明）

根室
（ねむろ）

羅臼町

標津町

中標津町

別海町

根室市

INTERVIEW

北方領土返還要求
運動原点の地

根室市図書館
熊谷風子さんに聴く

■根室市プロフィール

　根室市は北海道の最東端、日本一早く日の出を迎えることが一番多い人口約2万4000人の町です。先端の納沙布（のさっぷ）岬からは歯舞群島の貝殻島や水晶島はもちろん、天気が良ければ国後島も見えます。基幹産業は水産業で、さんま水揚げ量は日本一です。イワシ漁や花咲ガニ漁も盛んです。

　海、湿原、森林などの環境を有し、シマフクロウやタンチョウ、ヒグマなどたくさんの動物が生息しています。西月ヶ岡遺跡や根室半島チャシ跡群などの国指定史跡をはじめ、道内屈指300か所を超える遺跡が発見されています。北方領土を目の前に臨む根室市は、全国の先頭に立って返還要求運動に取り組んでいます。

納沙布岬「望郷の岬公園」にて
（2019年3月撮影）

■根室市図書館プロフィール

　1969年、図書館は根室市文化センターとして郷土資料館を併設する形で開館しました。1990年「根室市図書館」に名称変更し、1994年に現在の場所に移転しました。蔵書は約17万冊です。根室駅からオホーツク海側に10分ほど歩くと到着します。1970年代から児童サービスを積極的に行っています。

親子読書会

　「親子読書会事業」は1972年より行われている小学生親子対象の読書会です。小学3年生以上の会員には「土曜おはなし会」で読み聞かせをしてもらうなど、さまざまな読書体験の機会が作られています。3世代にわたって親子読書会の会員になり、活動された方々もいます。第1回の読書会では、『花さき山』（斎藤隆介・作　滝平二郎・絵　岩崎書店　1969年）について、親子で語り合ったということでした。

　現在は、新たに小学1・2年生から会員を募集して毎月例会を行っています。小学3〜6年生は、中高学年向けの会として活動をしています。

子どもブックライフ応援事業

　家族の絆を深めてもらうために「マタニティブック事業」として、母子手帳交付時におなかの中の赤ちゃんに読むための絵本を1冊プレゼントしています。7か月児親子には「ブックスタート事業」として、小学校1年生には「セカンドブック事業」として、司書の読み聞かせ等と共に絵本を贈っています。

「としょかんふれんず」

　より親しみやすい図書館づくりのために、根室に生息する動物や図書館の近くにいる猫やカモメをモチーフに、『としょかんふれんず』というオリジナルキャラクターを作りました。「こどもしんぶん」（子ども向け図書館ニュース）で4コマ漫画を連載したり、ぬりえコーナーを設けたり、「としょかんふれんずをさがせ」などの企画を実施しています。オリジナル紙芝居や本のおみくじの企画も進行中とのことです。

シマエナガのニムオロ　　シマフクロウのエカシ　　くろねこのルイカ　　カモメのガピー

画像提供：根室市図書館

『ねむろんろん』

YouTube「根室市図書館チャンネル」開設

　図書館が発信するYouTubeチャンネルが2020年より開設されました。司書による手作り絵本の作り方や、図書館クイズ等の動画を配信しています。

　根室を舞台にした絵本『ねむろんろん』（新日本出版社　2021年）の作者こしだミカさん、村中李衣さん本人による読み聞かせ動画も公開しています。「読み聞かせの面白さが広がった」「家族との楽しみ方が増えた」といった声が市民から寄せられたそうです。

根室郷土大カルタ大会

　その後、絵本の作者2人を根室に招いて「ぼくのわたしの『ねむろんろん』大カルタ大会」を開催。事前に参加者に自慢したい根室の名物、好きな場所、人、食べ物、生きものなどを取り札のカルタに描いてもらい、読み札をこしださんと、村中さんに作成してもらいました。根室を代表する味覚のサンマや花咲ガニなどのカルタが並び、大いに盛り上がったとのことです。これを機に、今後の「親子読書会」の活動として、「郷土カルタ」作りにも取り組んでいくそうです。

子どもの北方領土資料

　児童や中高生向けの北方領土に関する資料は限られているので、北方領土関連の冊子『忘れられない四島（しま）の記録　私の証言』（千島歯舞諸島居住者連盟根室支部制作・千島歯舞諸島居住者連盟発行）などを児童書の書架にも置いて、子どもにも手に取れるようにしているそうです。根室市図書館YouTubeチャンネルでは、絵本『北方四島のいきものたち－自然の楽園－』（さとうまさと　絵・文　根室振興局発行）の司書による読み聞かせ動画を公開して、子どもたちに北方領土の様子を伝えています。

郷土資料のデジタル化

　現在、郷土資料のデジタル化作業が行われています。過去に発行された地元新聞等のデジタル化に取り組んでいます。図書館では1950年代からの『根室新聞』や、一部『根室日報』も所蔵しており、北方領土問題や返還運動を調べる際の貴重な資料となっています。

　根室市では「北方領土返還要求根室市民大会」等、さまざまな啓発イベントが開催され、北方領土問題について考える機会を設けています。

古本市の開催

　1973年から「古本市」が開催されています。古本市実行委員会と共催で市民から提供された古本のリサイクルを促進し、その収益で地域の子どもたちの読書環境づくりを推進しています。「新型コロナウイルス感染拡大の影響で2年間開催できませんでしたが、2022年は『48回目の古本市』を行うことができました」と、熊谷さんはほっとしていました。

熊谷風子さんプロフィール
釧路管内出身。2008年より根室市図書館勤務。

**取材
メモ**　熊谷さんが「市民の皆さんの人生を豊かにする図書館として、当館の活動を続けていくことができたらと思います。そして、郷土資料を大事に未来につないでいきたい」と語っていた言葉が、とても印象的でした。

『地平線の見える街』

中標津町図書館
佐久間裕樹さんに聴く

■中標津町プロフィール

　中標津町は、根室の北部に位置する人口約2万3000人、乳牛約4万4000頭という酪農の町です。根室中標津空港からは、東京・札幌などへ向かう便が毎日運航されているので、とても便利です。地方での過疎化が深刻な昨今、大きな人口減少もなく、経済基盤が安定している町の1つです。

　市街地から車で約15分走ると、開陽台という標高270mの高台があり、牧草地帯を一望できます。まさに丸い地球を感じる地平線に包まれた景色です。天気が良ければ、知床連山だけではなく国後島も見えます。夜、月明かりのない晴れた天候であれば、設置された望遠鏡で土星を見ることもでき、星空の世界に入りこめます。牧草地の間を走る道はほとんど直線道路になっており、ミルクロードと呼ばれています。伊勢正三（シンガーソングライター）は1984年のアルバム『HEART BEAT』で『NAKASHIBETSU』という曲を書いています。

開陽台：佐久間裕樹さん撮影

■中標津町図書館プロフィール

　図書館は1968年公民館図書室として開設され、1973年中標津町図書館として独立開館しました。1995年中標津町総合文化会館「しるべっと」のオープンに伴い、図書館も会館内に移転しました。中標津バスターミナルのすぐ隣なのでアクセスはとても便利です。一般財団法人中標津町文化スポーツ振興財団による指定管理で運営されています。蔵書はおよそ10万冊です。北方領土、酪農関連の選書を重視しています。根室管内で中標津は唯一海がないので、海に関わる資料は同振興局の中では蔵書が少ないようです。

学校向けの事業（ブックトークを中心に…）

　現在、中標津町には小学校３校、中学校２校、義務教育学校（小中一貫）１校、支援学校が１校ありますが、学校司書がいません。幸いボランティアが支援してくれている学校図書館もあり、図書館に相談するケースもあります。

　中標津町図書館では小学校と中学校にそれぞれ担当１名ずつ置き、日常的に学校サポートを行っています。佐久間さんは現在小学校担当をしていますが、2020年３月までは中学校担当でした。「2019年に中学校の特別支援クラスで行ったブックトークで写真集やLLブック、絵本などを中心に紹介しました。『本は楽しいだけでなく、みんなのできることを増やしてくれることがある』と生徒に伝えると、本に対してとても興味を持ってくれて、その感動がこちらにも伝わってきました」と、嬉しそうに話してくれました。

　地域資料のブックトークでは、中標津という町から唐突に語るのではなく、まず世界という大きな枠から入り、その中に日本という国がある、そして北海道はどこにあるか、最後に中標津町は北海道のどの辺にあって、どのような地域なのかという流れで行っているそうです。

　現在佐久間さんが担当している小学校では低学年が中心になっているそうですが、児童数の少ない小学校では全校児童に、読み聞かせやブックトークなどを行っています。「低学年での幼年文学を大事にしたい。絵本から移り変わる世代でもあるので、活字のスキルにもつながります。そして本は生きる力を与えてくれると思っているので、本への関心を取りこぼしたくないし、取りこぼしてはいけない」と、信念は強いです。

ブックフェスティバル

　中標津町図書館では道立図書館が開催しているブックフェスティバル事業を独自に展開しています。ブックフェスティバル事業とは、広い場所に本を並べて自由に貸出しする催しです。中標津では自館の絵本を中心とした児童書を、児童館や学校の体育館などにブルーシートを広げて並べ、そこに靴を脱いで上がって、自由に選んでもらうようにしています。「こんなに本がある！」と喜んでくれる子どもたちの様子を見るのが、佐久間さんは大好きです。保護者をターゲットにした育児書も並べています。テーブルではなく、広い場所に並べた本を裸足になって、膝をついて選ぶという催しには、解放感と癒しを感じます。「何よりも参加した子どもたちとの距離がとても近く親しくなります。カウンターにいると、『あっ、佐久間さんだ！』と、呼んでくれるのがとても嬉しいです」。本当に子どもが好きという気持ちが伝わります。

本みくじ

　毎年お正月に行われている恒例企画です。幅広い世代に手に取ってもらいたいという思いで、1冊ごとにラッピングして、外側に作品の最初の一文を記載して借りてもらう企画です。絵本は表紙の一部を見えるようにしています。その本の中におみくじを入れています。おみくじは、しおりにもなり、そのままプレゼントしています。3年ほど継続しており、最近では、今年はどれにしよう？と楽しみにする来館者も多くなったそうです。

納涼おはなし会

　「2021年の夏に行った『納涼おはなし会』はコロナ禍ではありますが、夏の夜、しっとりした気分で、とても気に入っています。こういう時は全力で怖がらせたくなるので、雰囲気たっぷりに読みました。子どもたちからは『怖かったけど楽しかった！』との声が聞かれ、とても良いイベントでした」と、優しいゆっくりした口調で語る佐久間さんがとても印象的でした。『おいで おいで』(中村まさみ・作　松本ジョゴ・絵　金の星社　2021年) を読んだそうです。

夏らしい服装で雰囲気あります
（写真提供：中標津町図書館）

佐久間裕樹さんプロフィール
中標津町出身。大学時代は福島県で生活。2009年より中標津町図書館勤務。

**取材
メモ**　伊勢正三が70年代のフォークデュオ「風」の中で作った曲に『地平線の見える街』があります。この曲を聴くと、たまらなく開陽台を思い出します。80年代に何度も訪れた開陽台の麓にある民宿では、この曲を食堂でよく流していました。その民宿の存在を佐久間さんもご存知でした。この度の取材で連絡してみたら、宿主は当時の宿泊台帳をすぐに調べて懐しんでいました。

根室市図書館／根室市 (ねむろし)

ねむろんろん
こしだミカ・え／村中李衣・ぶん／新日本出版社／2021年

内容／根室市の豊かな自然と、そこに生きる根室の人の営みをカルタのように描いた絵本です。花咲ガニ、タンチョウ、オジロワシ、ゴマフアザラシなどが生息する地で、人々は自然と共存しながら、昆布を採り、船を造り、サンマ漁をして、サンマまつりを開きます。絵本の中では「ねむろんろんろん」と＜いのちのうた＞が繰り返されます。

推薦理由／作者のこしだミカさんと村中李衣さんが取材のために何度も根室を訪れて、根室の姿を表現してくれました。ありのままの自然と、自然の恵みを受けながら生活する人々が交互に温かく描かれ、繰り返される「ねむろんろん」という言葉のリズムから、「根室」という同じ場所で共に交わりながら生きる力強さが伝わってきます！

ジョバンニの島
杉田成道著／集英社／2014年

＊北方領土関連の資料を紹介してもらいました。

内容／北方領土の島のひとつ「色丹島」の終戦前後の物語です。純平と寛太の兄弟は再会することができた父と暮らし始めるも、戦争が終わると島にロシア軍がやってきて生活が一変します。突然ロシア人との生活が始まり、兄弟は島を追われることに…。父とも引き離されることになってしまった2人は、極限状態の中、父に会いに行こうとしますが…。

推薦理由／今も戻ることができない島、北方領土で戦後のあの時、何が起きていたのか。当時の人々は忘れたくても忘れられない、次の世代の私たちは忘れてはいけない出来事があることを、二人の兄弟の体験を通して思い起こさせてくれる作品です。宮沢賢治の『銀河鉄道の夜』とリンクしながら、あの時の想い、悲しみや苦しみが胸に迫ってくる1冊です。

別海町図書館／別海町 (べつかいちょう)

「別海」は「べつかい」か？「べっかい」か？
別海町教育委員会著・発行／2007年

内容／当町の地名「別海」の読み方が「べつかい」なのか「べっかい」なのかを120年前（資料発行年の2007年当時）までさかのぼり、歴史的に考察した資料です。

推薦理由／「別海」の読み方については、「べつかい」派・「べっかい」派、それぞれいらっしゃるのではないかと思います。また、読者の方の中には初めて「別海」という地名を目にする方がいらっしゃるかもしれません。そこで、町を知ってもらうためには、まず「別海」という地名ついて知っていただきたい！と思いました。

「別海」は
「べつかい」か？
「べっかい」か？
書影提供
別海町図書館

中標津町図書館／中標津町 （なかしべつちょう）

ふたりのハルニレ
絵本研究会・ぶん／阿部正子・え／中標津町図書館発行／1996年

内容／地域の民話を元に、地域の方々の手によって作られた絵本。むかし、この土地にあった2つの村。それぞれの村長には自慢の息子と娘がおり、お互いに恋心を抱いていた。しかし、ある年2つの村は、鮭をめぐって争うこととなり…。フクロウが語る、悲しいおはなし。

推薦理由／中標津に伝わる「愛染ニレの伝説」がもとになっています。町内の小学校には必ず置いてあり、図書館でも原画展や朗読イベントなどを開催し、長年にわたり地域の方の心を癒してきました。作り手・聞き手ともに中標津の人がたくさん係ったこの1冊こそ、地域の魅力が存分に感じられるでしょう。

＊1999年に改訂版が発行されています。

標津町図書館／標津町 （しべつちょう）

しべつろーかるふりーぺーぱーsipeto
Ynet.（標津町企画政策課内）発行／2018年創刊

内容／町内でさまざまな活動を行っている人や、団体の活動内容の紹介やインタビュー記事等が掲載されています。「人」と「活動」に焦点をあてた標津町の魅力を発信するフリーペーパーです。

推薦理由／綿密な取材が行われており、町の魅力を十二分に紹介しています。「わが町を知ってもらうなら！」のサブタイトルに合致している点で選出しました。

羅臼町図書館／羅臼町 （らうすちょう）

羅臼町副読本「知床学」中学生～高校生用
羅臼町副読本「知床学」編集委員会著／羅臼町教育委員会発行／2015年

内容／世界自然遺産である知床の自然（生物の多様性、生態系の相互関係、野生生物との共存）や人々の暮らし（産業、歴史、文化）を通して、ふるさとを愛する気持ちと主体的にさまざまな課題解決に向けて行動する力を育む学習のための副読本。

推薦理由／羅臼町では幼・小・中・高一貫教育の柱として、学年に応じて「知床学」に取り組んでいますが、生態系や環境問題など世界中が抱える問題についても考えるきっかけに、ぜひ手に取っていただきたいと思います。

酪農資料と図書館

別海町は、北海道の東部、根室管内の中央部に位置し、東西61.4km、南北44.3kmに広がる酪農と漁業がさかんで「人より牛の数が多い」町です。

当町の読書活動は、昭和39年に別海村の数校の小中学校に設置した巡回文庫から始まりました。その後、昭和43年別海村公民館図書室、昭和46年別海町公民館図書室、昭和52年別海町文化センター図書室を経て平成5年4月に別海町図書館として新築オープンしました。

図書館建設に深く携わった初代館長の堺萬市郎氏が「別海町の基幹産業に従事している酪農家・畜産家・漁業者が自らの手で近代化していくのに必要な資料を提供する図書館」を建築構想の一つに挙げて、開館当初から当町の基幹産業である酪農・漁業図書コーナーを設置しました。酪農図書コーナーには専門図書や雑誌『家畜診療』などを配架し、関連図書は永久保存する方針で蔵書を構築しています。しかし、図書館の配架スペースには限りがあり、定期購読している雑誌も一定期間を過ぎたら書庫で保管せざるをえません。そこで当館では、廃刊も含め25誌を有効に活用していただけるよう書庫に納める際、出版社の許諾を取って雑誌の目次を複写し雑誌ごとにファイルをおこし、各雑誌の目次から読みたい記事等を探せるようにして、町内外の酪農家や獣医師など酪農に従事する方たちにご利用いただいています。

開館当時新人司書だった私に、初代館長は「酪農の仕事に限らず、物事が行き詰ったときには新しい情報だけでなく古い情報に立ち返れば解決のヒントが見えてくることがある。だから、決して古い本や情報をないがしろにしてはいけない」とご教示くださいました。情報化社会が発達し続ける今だからこそ、初代館長の教えを大切にし、またそれを後輩に継承しながら、図書館の根幹を揺るがすことなく町民に親しまれ信頼される図書館作りを目指していきたいと思っております。

（別海町図書館　吉田美奈子）

LIBRARY LIST

ブックガイド掲載図書館・図書室リスト

本書にご回答いただいた北海道内の図書館・図書室・図書コーナーリストです。

北海道立図書館、それぞれの自治体と図書館の公式ホームページを参考にしています。訪れる場合、少しでも速やかに到着できるよう、なるべく図書館が入っている施設名も記載しています。2022年12月現在の情報です。変更になる場合もありますのでご了承ください。

※移転を予定している図書館に訪問される場合は、事前にご確認ください。

総合振興局　施設名	市町村ふりがな	住　所	TEL
空知			
夕張市りすた図書館	ゆうばりし	夕張市南清水沢4丁目48番地12	0123-57-7583
岩見沢市立図書館	いわみざわし	岩見沢市春日町2丁目18番1号	0126-22-4236
美唄市立図書館	びばいし	美唄市西4条南1丁目4番1号	0126-63-4802
芦別市立図書館	あしべつし	芦別市本町17番地	0124-22-2204
赤平市図書館	あかびらし	赤平市大町4丁目5番地2	0125-32-2224
三笠市立図書館	みかさし	三笠市若草町404番地	01267-2-3514
滝川市立図書館	たきかわし	滝川市大町1丁目2番15号	0125-22-4646
砂川市図書館	すながわし	砂川市西8条北3丁目1番1号	0125-52-3819
歌志内市立図書館	うたしないし	歌志内市字本町76番地 歌志内市コミュニティセンター内	0125-42-6900
深川市立図書館	ふかがわし	深川市西町3番15号 生きがい文化センター内	0164-22-4946
南幌町生涯学習センター ぽろろ図書室	なんぽろちょう	空知郡南幌町栄町3丁目3番1号	011-378-6620
奈井江町図書館	ないえちょう	空知郡奈井江町字奈井江152番地 社会教育センター内	0125-65-5311
上砂川町民センター図書室	かみすながわちょう	空知郡上砂川町中央南1条5丁目2番1号	0125-62-5225
由仁町ゆめっく館	ゆにちょう	夕張郡由仁町中央202番地	0123-83-3803
長沼町図書館	ながぬまちょう	夕張郡長沼町中央南2丁目3番3号	0123-88-3101
栗山町図書館	くりやまちょう	夕張郡栗山町中央3丁目309番地	0123-72-6055
月形町図書館	つきがたちょう	樺戸郡月形町北3	0126-53-3677
浦臼町農村センター図書室	うらうすちょう	樺戸郡浦臼町字浦臼内184番地61	0125-68-2166
新十津川町図書館	しんとつかわちょう	樺戸郡新十津川町中央535番地1	0125-76-3746
秩父別町図書館	ちっぷべつちょう	雨竜郡秩父別町1267番地の1	0164-33-2220
雨竜町農村環境改善センター 図書室	うりゅうちょう	雨竜郡雨竜町第8町内	0125-77-2450

北竜町図書館	ほくりゅうちょう	雨竜郡北竜町字和10番地1	0164-34-2553
沼田町図書館	ぬまたちょう	雨竜郡沼田町南1条4丁目6番5号	0164-35-3515

石狩

札幌市中央図書館	さっぽろし	札幌市中央区南22条西13丁目1-1	011-512-7320
札幌市新琴似図書館	さっぽろししんことに	札幌市北区新琴似7条4丁目1-2	011-764-1901
札幌市元町図書館	さっぽろしもとまち	札幌市東区北30条東16丁目3-13	011-784-0841
札幌市東札幌図書館	さっぽろしひがしさっぽろ	札幌市白石区東札幌4条4丁目1-1	011-824-2801
札幌市西岡図書館	さっぽろしにしおか	札幌市豊平区西岡3条6丁目6-1	011-852-8111
札幌市澄川図書館	さっぽろしすみかわ	札幌市南区澄川4条4丁目5-6	011-822-3730
札幌市図書・情報館	さっぽろし	札幌市中央区北1条西1丁目 札幌市民交流プラザ1・2階	011-208-1113
札幌市えほん図書館	さっぽろし	札幌市白石区南郷通1丁目南8-1 白石区複合庁舎6階	011-866-4646
江別市情報図書館	えべつし	江別市野幌末広町7番地	011-384-0202
千歳市立図書館	ちとせし	千歳市真町2196番地の1	0123-26-2131
恵庭市立図書館	えにわし	恵庭市恵み野西5丁目10番2	0123-37-2181
石狩市民図書館	いしかりし	石狩市花川北7条1丁目26番地	0133-72-2000
当別町図書館	とうべつちょう	石狩郡当別町錦町1248番地7 当別町 学習交流センター内	0133-23-0573
新篠津村自治センター図書室	しんしのつむら	石狩郡新篠津村第46線北12番地	0126-57-2011

後志

市立小樽図書館	おたるし	小樽市花園5丁目1番1号	0134-22-7726
島牧村若者総合スポーツセンター内図書室	しままきむら	島牧郡島牧村字江ノ島245番地	0136-74-5303
寿都町総合文化センターウィズコム図書室	すっつちょう	寿都郡寿都町字開進町187番地1	0136-62-2100
黒松内町ふれあいの森情報館（マナヴェール図書コーナー）	くろまつないちょう	寿都郡黒松内町字黒松内380番地2	0136-77-2828
蘭越町花一会図書館	らんこしちょう	磯谷郡蘭越町蘭越町880番地9	0136-57-6085
ニセコ町学習交流センターあそぶっく	にせこちょう	虻田郡ニセコ町字本通り105番地	0136-43-2155
真狩村公民館図書室	まっかりむら	虻田郡真狩村字光4	0136-45-3337
留寿都村公民館図書室	るすつむら	虻田郡留寿都村字留寿都206番地1	0136-46-3321

喜茂別町図書室	きもべつちょう	喜茂別町字喜茂別13番地 健康推進センター3階	0136-33-2203
京極町生涯学習センター湧学館	きょうごくちょう	虻田郡京極町字京極158番地1	0136-42-2700
倶知安町公民館図書室	くっちゃんちょう	虻田郡倶知安町南4条東4丁目公民館（文化福祉センター）3階	0136-22-0230
共和町生涯学習センター図書室	きょうわちょう	岩内郡共和町南幌似37番地22	0135-67-8819
岩内地方文化センター図書室	いわないちょう	岩内郡岩内町字万代51番地7	0135-62-0001
泊村公民館図書室	とまりむら	古宇郡泊村大字茅沼村171	0135-75-3258
古平町図書館	ふるびらちょう	古平郡古平町大字浜町50番地 かなえーる2階	0135-42-2590
仁木町民センター図書室	にきちょう	余市郡仁木町西町1丁目36番地1	0135-32-3958
余市町図書館	よいちちょう	余市郡余市町入舟町413番地	0135-22-6141
赤井川村役場図書コーナー	あかいがわむら	余市郡赤井川村赤井川74番地2	0135-34-6211

胆振

室蘭市図書館	むろらんし	室蘭市本町2丁目2番1号	0143-22-1658
室蘭市生涯学習センターきらんブックパーク※1	むろらんし	室蘭市中島町2丁目22番1号	0143-83-7753
苫小牧市立中央図書館	とまこまいし	苫小牧市末広町3丁目1番15号	0144-35-0511
登別市立図書館	のぼりべつし	登別市中央町5丁目21番1	0143-85-4324
伊達市立図書館	だてし	伊達市梅本町67番地5	0142-25-3336
豊浦町中央公民館図書室	とようらちょう	虻田郡豊浦町船見町95-2公民館1階	0142-83-2239
壮瞥町地域交流センター図書室	そうべつちょう	有珠郡壮瞥町字滝之町287番地7	0142-66-2131
白老町立図書館	しらおいちょう	白老郡白老町本町1丁目1番3号	0144-82-3000
厚真町公民館図書室（青少年センター図書室）	あつまちょう	勇払郡厚真町京町165番地1	0145-27-2495
洞爺湖町立あぶた読書の家	とうやこちょう	虻田郡洞爺湖町栄町63	0142-76-2100
安平町追分公民館図書室	あびらちょうおいわけ	勇払郡安平町追分緑が丘200番地2	0145-25-2087
安平町早来公民館図書室※2	あびらちょうはやきた	勇払郡安平町早来北進102番地4	0145-22-3224
むかわ町立穂別図書館	むかわちょうほべつ	勇払郡むかわ町穂別80番地	0145-45-2396
むかわ町四季の館まなびランド図書室	むかわちょう	勇払郡むかわ町美幸3丁目3番地	0145-42-5057

※1　図書館の分館・分室ではなく、別途の条例により設置された施設です。
※2　2023年春、安平町立早来学園内に移転予定。

日高

日高町立門別図書館郷土資料館	ひだかちょう	沙流郡日高町富川東1丁目3番1号	01456-2-3746

平取町立図書館	びらとりちょう	沙流郡平取町本町35番地 1　ふれあいセンターびらとり 3 階	01457-4-6666
新冠町レ・コード館図書プラザ	にいかっぷちょう	新冠郡新冠町字中央町 1 番地の 4	0146-45-7777
浦河町立図書館	うらかわちょう	浦河郡浦河町大通 3 丁目52番地	0146-22-2347
町立様似図書館	さまにちょう	様似郡様似町大通 1 丁目25番地 1	0146-36-4181
えりも町福祉センター図書室	えりもちょう	幌泉郡えりも町字本町357番地 えりも町福祉センター内	01466-2-2526
新ひだか町図書館本館	しんひだかちょう	日高郡新ひだか町静内山手町 3 丁目 1 番 1 号	0146-42-4212
新ひだか町図書館三石分館	しんひだかちょうみついし	日高郡新ひだか町三石本町212番地 総合町民センターはまなす 1 階	0146-33-2051

渡島

函館市中央図書館	はこだてし	函館市五稜郭町26番 1 号	0138-35-5500
北斗市立図書館	ほくとし	北斗市中野通 2 丁目13番 1 号 北斗市総合文化センター・かなでーる内	0138-74-2071
松前町立図書館	まつまえちょう	松前郡松前町字神明30番地	0139-42-4600
福島町福祉センター図書室	ふくしまちょう	松前郡福島町字三岳32番地 3	0139-47-3046
知内町中央公民館図書室	しりうちちょう	上磯郡知内町字重内21番地 1	01392-5-6855
木古内町中央公民館図書室	きこないちょう	上磯郡木古内町字木古内179番地 1	01392-2-2274
七飯町地域センタ　図書室	ななえちょう	亀田郡七飯町本町 4 丁目 8 - 1	0138-64-0006
鹿部中央公民館図書室	しかべちょう	茅部郡鹿部町字宮浜311番地 2	01372-7-3124
八雲町立図書館	やくもちょう	二海郡八雲町相生町98番地	0137-62-2507
長万部町図書館	おしゃまんべちょう	山越郡長万部町字長万部411番地216 学習文化センター内	01377-2-5757

檜山

江差町図書館	えさしちょう	檜山郡江差町字茂尻町71 江差町文化会館 2 階	0139-52-5454
上ノ国町民図書室	かみのくにちょう	檜山郡上ノ国町字大留100番地 ジョイじょぐら内	0139-55-2230
厚沢部町図書館	あっさぶちょう	檜山郡厚沢部町新町234番地 1	0139-64-3436
乙部町図書室	おとべちょう	爾志郡乙部町字館浦 4 番地 1　公民館内	0139-62-3311
奥尻町海洋研修センター図書室	おくしりちょう	奥尻郡奥尻町字奥尻314番地地先	01397-2-3890
今金町民センター図書室	いまかねちょう	瀬棚郡今金町字今金68 今金町民センター内	0137-82-2822
せたな町大成図書館	せたなちょう	久遠郡せたな町大成区都386番地	01398-4-6161
せたな町情報センター図書室	せたなちょう	久遠郡せたな町北檜山区北檜山266番地	0137-84-5342
せたな町生涯学習センター図書室	せたなちょう	久遠郡せたな町瀬棚区本町651番地	0137-87-3901

上川

旭川市中央図書館	あさひかわし	旭川市常磐公園	0166-22-4174
旭川市末広図書館	あさひかわしすえひろ	旭川市末広３条２丁目	0166-54-7111
旭川市永山図書館	あさひかわしながやま	旭川市永山３条19丁目 永山市民交流センター内	0166-47-8080
旭川市東光図書館	あさひかわしとうこう	旭川市東光６条４丁目	0166-39-3939
旭川市神楽図書館	あさひかわしかぐら	旭川市神楽3条6丁目 神楽市民交流センター内	0166-61-6711
市立士別図書館	しべつし	士別市西１条８丁目701番地１ 士別市生涯学習情報センター「いぶき」内	0165-29-2153
市立名寄図書館	なよろし	名寄市大通南２丁目	01654-2-4751
市立富良野図書館	ふらのし	富良野市若松町５番10号	0167-22-3005
鷹栖町図書室	たかすちょう	上川郡鷹栖町北１条３丁目２番５号 鷹栖地区住民センター内	0166-87-2486
東神楽町図書館	ひがしかぐらちょう	上川郡東神楽町南１条西１丁目３番10号 メモリアルホール内	0166-83-4646
当麻町立図書館	とうまちょう	上川郡当麻町４条東２丁目16番３号	0166-84-2566
比布町図書館	ぴっぷちょう	上川郡比布町北町１丁目２番３号	0166-85-3354
愛別町公民館図書室	あいべつちょう	上川郡愛別町本町345番地１	01658-6-5115
上川町公民館図書室	かみかわちょう	上川郡上川町北町114番地１ かみんぐホール１階	01658-2-2371
東川町複合交流施設 せんとぴゅあⅡ「ほんの森」	ひがしかわちょう	上川郡東川町北町１丁目１番２号	0166-82-4245
美瑛町図書館	びえいちょう	上川郡美瑛町幸町１丁目１番10号	0166-92-1251
上富良野町図書館ふれんど	かみふらのちょう	空知郡上富良野町富町１丁目３番25号	0167-45-3158
中富良野町図書館	なかふらのちょう	空知郡中富良野町南町10番10号 ふれあいセンターなかまーる２階	0167-44-4310
南富良野町公民館図書室	みなみふらのちょう	空知郡南富良野町字幾寅 保健福祉センターみなくる２F	0167-52-2211
占冠村公民館図書室	しもかっぷむら	勇払郡占冠村中央 占冠村コミュニティプラザ内	0167-56-2590
和寒町立図書館	わっさむちょう	上川郡和寒町字西町125番地	0165-32-4646
剣淵町絵本の館	けんぶちちょう	上川郡剣淵町緑町15番３号	0165-34-2624
下川町民会館図書室	しもかわちょう	上川郡下川町幸町95番地	01655-4-2511
音威子府村公民館図書室	おといねっぷむら	中川郡音威子府村字音威子府444	01656-5-3356
中川町中央公民館図書室	なかがわちょう	中川郡中川町字中川217番地２ 生涯学習センターちゃいむ１階	01656-7-2877
幌加内町生涯学習センター あえる97図書室	ほろかないちょう	雨竜郡幌加内町親和	0165-35-2177

留萌

市立留萌図書館	るもいし	留萌市住之江町２丁目１	0164-42-2300

増毛町総合交流促進施設 元陣屋図書室	ましけちょう	増毛郡増毛町永寿町 4 丁目49番地	0164-53-3522
苫前町公民館図書室	とままえちょう	苫前郡苫前町字古丹別187番地15	0164-65-4076
羽幌町立中央公民館図書室	はぼろちょう	苫前郡羽幌町南 6 条 2 丁目 中央公民館内	0164-62-1178
初山別村自然交流センター 図書室	しょさんべつむら	苫前郡初山別村字初山別155番地 1	0164-67-2136
遠別町生涯学習センター マナビィ・21図書室	えんべつちょう	天塩郡遠別町字本町 4 丁目 1 番地25	01632-7-2353
天塩町社会福祉会館図書室	てしおちょう	天塩郡天塩町海岸通 5 丁目 天塩町社会福祉会館内	01632-2-1009

宗谷

稚内市立図書館	わっかないし	稚内市大黒 4 丁目 1 番 1 号	0162-23-3874
猿払村農村環境改善センター 図書室	さるふつむら	宗谷郡猿払村鬼志別北町142番地	01635-2-3695
浜頓別町立図書館	はまとんべつちょう	枝幸郡浜頓別町中央南 7 番地	01634-2-3935
中頓別町青少年柔剣道場内図書室	なかとんべつちょう	枝幸郡中頓別町字中頓別37番地	01634-6-1170
枝幸町立図書館	えさしちょう	枝幸郡枝幸町本町880番地 3	0163-62-2269
豊富町定住支援センター 図書室	とよとみちょう	天塩郡豊富町東 1 条 6 丁目 豊富町定住支援センター「ふらっと★きた」内	0162-82-2211
BOOK愛ランドれぶん	れぶんちょう	礼文郡礼文町大字香深村字トンナイ558- 5 町民センター 1 階	0163-86-2710
利尻町交流促進施設 どんと郷土資料室（図書室）	りしりちょう	利尻郡利尻町沓形字富士見町 2 番地 2	0163-84-2445
利尻富士町立鬼脇公民館図書室	りしりふじちょう	利尻郡利尻富士町鬼脇字鬼脇	0163-83-1321
幌延町生涯学習センター図書室	ほろのべちょう	天塩郡幌延町宮園町 1 番地 3	01632-5-1321

オホーツク

北見市立中央図書館	きたみし	北見市泉町 1 丁目 2 番21号	0157-23-2074
北見市立端野図書館	きたみしはたの	北見市端野町二区471番地 5	0157-56-2560
網走市立図書館	あばしりし	網走市北 2 条西 3 丁目 3 番地	0152-43-2426
紋別市立図書館	もんべつし	紋別市幸町 3 丁目 1 番 8 号	0158-24-2261
津別町中央公民館図書室※	つべつちょう	網走郡津別町字豊永 5 番地 1 中央公民館内	0152-76-2713
斜里町立図書館	しゃりちょう	斜里郡斜里町文光町51番地 9	0152-23-3311
清里町図書館	きよさとちょう	斜里郡清里町羽衣町35番地	0152-25-2582
町立小清水図書館	こしみずちょう	斜里郡小清水町南町 2 丁目27番 7 号	0152-62-2165
訓子府町図書館	くんねっぷちょう	常呂郡訓子府町仲町42番地	0157-47-2700

置戸町立図書館	おけとちょう	常呂郡置戸町字置戸445番地の2	0157-52-3202
佐呂間町立図書館	さろまちょう	常呂郡佐呂間町字永代町166番地2	01587-2-2215
遠軽町図書館	えんがるちょう	紋別郡遠軽町大通南4丁目1番地20	0158-42-3632
湧別町中湧別図書館	ゆうべつちょうなかゆうべつ	紋別郡湧別町中湧別中町3020番地の1 文化センターTOM内	01586-2-3150
湧別町湧別図書館	ゆうべつちょう	紋別郡湧別町湧別栄町219番地の1	01586-5-3122
滝上町図書館	たきのうえちょう	紋別郡滝上町栄町 文化センター内	0158-29-3735
興部町立図書館	おこっぺちょう	紋別郡興部町本字興部219-21	0158-82-4191
西興部村公民館図書室	にしおこっぺちょう	紋別郡西興部村字西興部492	0158-88-5010
雄武町図書館雄図ぴあ	おうむちょう	紋別郡雄武町字雄武1031番地25	0158-84-2404
大空町女満別図書館	おおぞらちょうめまんべつ	網走郡大空町女満別本通1丁目1番3号	0152-74-4650
大空町東藻琴図書館	おおぞらちょうひがしもこと	網走郡大空町東藻琴360番地1　生涯学習センター内	0152-66-2010

※2023年夏、津別町図書館オープン予定。

十勝

帯広市図書館	おびひろし	帯広市西2条南14丁目3番地1	0155-22-4700
音更町図書館	おとふけちょう	河東郡音更町木野西通15丁目7番地	0155-32-2424
士幌町したしみ図書館	しほろちょう	河東郡士幌町士幌幹線167番地 士幌町総合研修センター内	01564-5-4733
上士幌町図書館	かみしほろちょう	河東郡上士幌町字上士幌東3線237番地	01564-2-4634
鹿追町図書館	しかおいちょう	河東郡鹿追町東町1丁目38番地	0156-69-7170
新得町図書館	しんとくちょう	上川郡新得町2条南3丁目	0156-64-5406
清水町図書館	しみずちょう	上川郡清水町南4条1丁目2番地	0156-62-3030
芽室町図書館	めむろちょう	河西郡芽室町東4条3丁目6番地1	0155-62-1166
更別村農村環境改善センター図書室	さらべつむら	河西郡更別村字更別南2線96番地11 農村環境改善センター内	0155-52-3171
大樹町図書館	たいきちょう	広尾郡大樹町双葉町6番地1 大樹町生涯学習センター内	01558-6-3445
広尾町立図書館	ひろおちょう	広尾郡広尾町東2条10丁目1	01558-2-2141
幕別町図書館	まくべつちょう	中川郡幕別町新町122番地7	0155-54-4488
幕別町図書館札内分館	まくべつちょうさつない	中川郡幕別町字千住180番地1 幕別町百年記念ホール内	0155-56-4888
幕別町図書館忠類分館	まくべつちょうちゅうるい	中川郡幕別町忠類白銀町384番地10 ふれあいセンター福寿内	01558-8-2930
池田町立図書館	いけだちょう	中川郡池田町字西1条1丁目	015-572-6006
豊頃町図書館	とよころちょう	中川郡豊頃町茂岩本町166番地 える夢館内	015-579-5802

本別町図書館	ほんべつちょう	中川郡本別町北 2 丁目 4 - 2	0156-22-5112
足寄町図書館ルイカ	あしょろちょう	足寄郡足寄町南 1 条 5 丁目 3 番地 町内センター内	0156-25-3189
陸別町公民館図書室	りくべつちょう	足寄郡陸別町陸別東 2 条 4 丁目21番地	0156-27-2123
浦幌町立図書館	うらほろちょう	十勝郡浦幌町字桜町16番地 1　浦幌町教育文化センターらぼろ21内	015-576-5833

釧路

釧路市中央図書館	くしろし	釧路市北大通10丁目 2 番	0154-64-1740
釧路市音別町ふれあい図書館	くしろしおんべつ	釧路市音別町朝日 2 丁目81番地	01547-6-3435
釧路市阿寒町公民館図書室	くしろしあかんちょう	釧路市阿寒町中央 2 丁目 4 番 1 号	0154-66-2222
釧路市西部地区図書館	くしろし	釧路市鳥取北 8 丁目 3 番10号 コア鳥取内	0154-53-3499
釧路市東部地区図書館	くしろし	釧路市益浦 1 丁目20番20号 コア大空内	0154-91-0604
釧路市中部地区図書館	くしろし	釧路市愛国191番地5511 コアかがやき内	0154-38-5499
釧路町とおや図書室	くしろちょう	釧路郡釧路町河畔7丁目52番地 1　釧路町公民館内	0154-62-2137
釧路町せちり図書室	くしろちょう	釧路郡釧路町木場 1 丁目 2 番地 釧路町コミュニティセンター内	0154-62-2196
本の森厚岸情報館	あっけしちょう	厚岸郡厚岸町宮園 1 丁目 1 番地	0153-52-2246
本の森厚岸情報館分館	あっけしちょう	厚岸郡厚岸町梅香 2 丁目 1 番地 社会福祉センター内	0153-52-2213
浜中町総合文化センター図書室	はまなかちょう	厚岸郡浜中町霧多布西 3 条 1 丁目47番地	0153-62-3131
標茶町図書館	しべちゃちょう	川上郡標茶町川上 1 丁目20番地	015-485-2300
弟子屈町図書館	てしかがちょう	川上郡弟子屈町中央 2 丁目 4 番 1 号	015-482-1616
鶴居村図書館	つるいむら	阿寒郡鶴居村鶴居東 5 丁目 3 番地 鶴居村ふるさと情報館みなくる内	0154-64-2200
白糠町公民館図書室	しらぬかちょう	白糠郡白糠町東 3 条南 1 丁目 1 番地21	01547-2-5555

根室

根室市図書館	ねむろし	根室市弥生町 2 丁目 5 番地	0153-23-5974
別海町図書館	べつかいちょう	野付郡別海町別海宮舞町30番地	0153-75-2266
中標津町図書館	なかしべつちょう	標津郡中標津町東 2 条南 3 丁目 1 番地 1	0153-73-1121
標津町図書館※	しべつちょう	標津郡標津町南 1 条西 5 丁目 5 番 3 号 標津町生涯学習センター「あすぱる」内	0153-82-2074
羅臼町図書館	らうすちょう	目梨郡羅臼町栄町100番地83 役場庁舎 1 階	0153-87-2004

※2023年春オープン予定。

解 説

かいせつ

　本書を手に取ってくださったみなさん、ありがとうございます。手に取った理由は何だったでしょうか。〈自分の住む地域（地元）についてどんな本が取り上げられているか気になった〉〈北海道にはどんな図書館があるのか知りたいと思った〉〈知り合いに薦められた〉など、理由はさまざまでしょう。どんな理由であれ、みなさんが本書を手に取ったことで、何かしらの新たな発見や出会いにつながるとしたら、うれしい限りです。

　本書は、北海道内のみなさんはもちろんのこと、道外のみなさんにも手に取ってもらいたいとの思いを込めて編みました。その思いは、大きくは３つあります。

　まず、道内のみなさんに向けては、（１）自分の住む市町村（以下、地域）の魅力を公共図書館・公民館図書室などの図書施設（以下、図書館）を通して改めて知ってほしいという思いです。また、（２）自分の住む地域だけでなく、ほかの道内すべての地域にも魅力はあふれています。本書を通して、その魅力に触れて、他の地域へ興味を持ったり、訪問や交流したりするきっかけになってほしいという思いです。

　今回、図書館にフォーカスしたのは、図書館が地域の学び、読書、情報アクセス、そして人々の相互交流・コミュニケーションの拠点としての役割を担っている重要な施設だからです。しかも、規模の大小や法的根拠（図書館法に基づくか基づかないかなど）の違いはあるにせよ、ほとんどの地域に図書館はあります。そして、いつでもだれでも無料で利用できるのです。

　にもかかわらず、正直なところ、図書館は、博物館や美術館ほどには目立ちません。地味です（私はそこも図書館の魅力だと思っていますが）。所蔵している図書などのコレクションも、どこの図書館に行っても同じ（変わり映えしない）と思われているようにも感じます。でも、実際は、そうではないのです。図書館ごとの違いを最も体現しているのが、それぞれの地域の歴史や文化などを反映し

て構築された「地域資料」のコレクションといえます。「地域資料」といっても、何も歴史的な「郷土資料」だけに限りません。その地域が舞台の文芸作品などの「地域関係資料」や、その地域に所在する団体などが刊行した「地域内刊行資料」、その地域の自治体が刊行した「地方行政資料」なども「地域資料」です。しかも、メディア形態も、本、雑誌、新聞、パンフレット、視聴覚メディア、電子メディアなど多岐にわたります。本書に掲載したリストは、各図書館イチ押しの「地域資料」リストといって過言ではありませんし、そこにこそ、それぞれの地域の魅力が凝縮され、可視化されているともいえるのです。また、本書に掲載した図書館紹介インタビューの登場人物やコラムの書き手、そしてそれらの内容もまた、地域の魅力を伝えてくれています。みなさんも、きっと感じ取ってくださったことと思います。

　ところで、今日、図書館の利用登録率（図書館の本などを借りるための登録をしている人の割合）は、地域住民全体の３割程度に過ぎないと言われています。地域によっては１割程度というところもあるようです。ある地域では、なぜ図書館を利用しないのかを住民アンケートでたずねています。その結果によると、利用しない理由の上位には「図書館の場所を知らないから」という回答がありました（ちなみに、１位は「読みたい本は自分で購入するから」でした）。自分が住む地域のどこに図書館があるかを知らないというのは、図書館がいかに身近な存在として認知されていないかの表れと見ることもでき、何とも悲しいことです。しかし、それが現実でもあるのです。本書をきっかけに、多くの人が図書館の存在を意識するようになったり、地域の図書館に足を運ぶようになったり、利用するようになったりしてくれたら。そう願っています。

　本書に掲載したインタビュー、コラム、リストを通して、道内の他の地域に興味を持ったり、そこに実際に訪問したりしてみたいと思った人もきっと多いのではないかと思います。本書のリスト所収の本などを集めた展覧会などを図書館同士で協力し合って各地で巡回開催するのも面白いかもしれません。近年、地域の図書館や書店などをめぐる「ブックツーリズム」が注目されていますが、北海道内の「ブックツーリズム」の媒介としての機能を本書が果たすことも可能ではないかと考えています。あまり欲張ったことばかり言ってはいけませんが、いろいろな取り組みにつながる契機としてさま

ざまな立場の人たちに本書を活用していただきたいと思っています。

　次に、道外のみなさんに向けては、（3）既存の観光ガイドブックやパンフレットとは一味違った、道内の各地域の魅力に誘うツールとして活用してほしいという思いを込めています。もちろん、観光ガイドブックなどは、観光という視点から各地域の魅力を存分に伝えているのですが、それらに載っていない、あるいは載りきらない魅力もまた各地域にはたくさんあります。本書に掲載したリストは、そうした魅力を道外のみなさんに知ってもらうきっかけに十分になり得ると思っています。

　旅先で博物館や美術館に足を運ぶことはよくありますが、図書館に行くという話はあまり聞きません。道外から来た人たちが博物館や美術館と同じように「そうだ、図書館に寄ってみよう」と思ってもらえるくらい魅力的な「地域資料」のコレクションを各図書館は持っているのです。それらを通して、各地域の魅力をアピールしない手はありません。

　とはいえ、図書館を観光資源化するべきだと言いたいわけではありません。そうではなく、地域に住む人はもちろんのこと、道内外の人たちにも参加し、交流し合える形で、図書館や書店を核にした「ブックツーリズム」などの取り組みにつなげていくこともできるのではないかと思うのです。すべての地域が、そしてそこにある図書館や書店が大いなる可能性を秘めています。その可能性を引き出すヒントも、本書掲載のインタビューやコラムには詰まっています。

　最後に、道内の各図書館のみなさんのおかげで本書は刊行できました。ご多忙のなか、リストの作成、インタビューの対応やコラムの執筆にご協力くださったみなさんに心より感謝と御礼を申し上げます。そして、本書が、道内の図書館のさらなる発展の一助になるとすれば、編著者、監修者一同、幸甚です。

野口　武悟（専修大学文学部教授）

北海道といえば？

　本書の制作中、少し遊びたくなり、179市町村と札幌10区も含んだ地図パズルを買って、町の位置関係を確認しようとしたら、想像以上に難しく、切羽詰まっていた制作中のメンタルに、自ら墓穴を掘ってしまいました。釧路市と釧路町は違う自治体だと初めて知りました。やれやれです。それでも道内各地に図書館の友人・知人を作りたいという強い想いによって、ようやく本書を制作できました。2018年春、東京から札幌へ移住。当時の友人は5人程度でした。

　本書のインタビューページは、全道のうち26館の図書館員に直接お会いして記事にしています。地域の特性や図書館の規模によって、語られる言葉は異なります。個性豊かで、ユーモアのある方ばかりです。掲載できなかったトピックスは膨大です。誌面の都合と、私の能力でどこまでお伝えできたか不安でいっぱいです。

　また、あいにく本書に掲載できませんでしたが、道内には日々奮闘している素晴らしい図書館員が溢れるほどいます。「もっと地元書店と取り組みたい」「もっと広報したい」「全国の図書館と連携企画をやりたい」「古い建物でもできることはたくさんあるよ！」など、挙げたらきりがありません。テーマを決めてご紹介できる機会を設けたいです。

　ブックガイドページを制作するうえで、179全ての市町村の図書館・図書室のみなさまへ、アンケートをお送りしました。しかし、その方法や進行について、いたらぬこともありました。お許しください。

　アンケートのご回答を、図書館のみなさまに熟考していただきました。1冊に選書するというのはとても難しいです。私がこのアンケートに回答するならばと、想像してみました。厳しいお願いをしたなと痛感しています。

　最初は、「ウチの町には何もそのような書物はない」と言われた図書館員も、熟考を重ねてご回答いただきました。アンケートを拝見すると、魅力的な回答が届きました。アンケート確認作業は感動の連続で、一番楽しい瞬間だったかもしれません。どのぐらい返信が届いているのかを確認するために、北海道の白地図に色を塗りました。これでまた北海道の地理を学ぶことができました。

　ブックガイドをご覧いただいて、いつの間にか北海道を旅している気分になりませんか？そしてその町の図書館員が推薦した書物を直接説明してくれている気持ちになりませんか？大自然の風、海の香り、そして道民の汗を感じると思います。

本書には町の広報誌など、無料の小冊子も多数掲載しています。観光PR誌に留まらず、町の取り組み、教育、歴史、催し、図書館情報など、小規模な町であるほど、町村民のために多岐にわたって細かくて綴られ、コンパクトに作られています。「おそるべし、無料広報誌！」と感じました。

　コラムを執筆したみなさまにも、テーマや文字数など無理なお願いをしました。それならばと提案をしてくれた執筆者もいます。何度も書き直した方もいます。そして、コラム執筆者にも、しつこいほど本書制作について相談させていただきました。みなさまいつも真摯に答えてくれました。
　北海道図書館研究会に限らず、私がなにか新しい企画をする際、いつも最初に協力してくれるのは、市立小樽図書館の鈴木浩一さんです。2019年7月7日第1回当会、2021年12月にYouTube対談も行いました。本書のインタビューページの編集方針について、方向性が定まるまで何度も校正にお付き合いいただきました。
　「その町に、その図書館に訪れ、そこで働く図書館員からお話を聴く」というコンセプトは、お話を聴いた方に何度も混乱させてしまいました。
　編集作業が進行していくにつれて、アイヌ民族について触れている記述の判断に迷い、公益社団法人北海道アイヌ協会貝澤和明さんに、アドバイスをたくさんいただきました。
　全ページスピード感ある校正を最初から最後まで進行いただき、ブレーンとなって盛り上げてくれた児玉優子さんには頭が上がりません。『闘う図書館』（筑摩書房刊）の出版を終えた豊田恭子さんが助っ人に入りました。常に違う視点から指摘してくれた重野正子さんの存在を忘れてはいけません。
　本書の企画を提案したのが青木竜馬さん、その企画を私に声をかけたのが野口武悟さんです。
　出版にあたり、ご尽力いただいた中西出版の林下英二さんには、公私にわたって大変お世話になりました。河西博嗣さんには無理なお願いばかりでした。
　そして、170市町村の図書館・図書室のみなさまにおかれましては、多大なご協力をいただき、本書は誕生しました。
　本当にありがとうございました。

　最後に、本書から「北海道といえば？」という答えは、なにが見えたでしょうか？

2023年2月
北海道図書館研究会
加藤　重男（卯年）

参考文献・サイト

図書

木村誠一 『上砂川市井史』 上砂川郷土史研究会 1957年

河出書房新社編／発行 「『河出書房新社創業130周年』記念ブックレット」 2016年

畔柳二美ほか 『女流の開顕（北海道文学全集第17巻）』 立風書房 1981年

金子俊男 『樺太一九四五年夏　樺太終戦記録』 講談社 1972年

佐藤哲朗 『スパイ関三次郎事件　戦後最北端謀略戦』 河出書房新社 2020年

三省堂書店札幌店編／発行 『新人出版社の履歴書フェア』 2022年

坂本龍三 『岡田健蔵伝』 講談社出版サービスセンター 1998年

佐藤泰志著、福間健二編 『もうひとつの朝―佐藤泰志初期作品集』 河出書房新社 2011年

カベルナリア吉田 『アイヌのことを考えながら北海道を歩いてみた』 ユサブル 2022年

関口明・田端宏・桑原真人・瀧澤正編著 『アイヌ民族の歴史』 山川出版社 2015年

征矢真一 『リボンちゃんとめぐる北海道179市町村』 ポッカサッポロフード＆ビバレッ
　　ジ発行　えんれいしゃ発売 2022年

藤島隆 『ほっかいどう図書館物語　明治・大正期』 中西出版 2022年

堀淳一 『北海道地図の中の廃線』 亜璃西社 2017年

堀川真 文／絵 『北海道わくわく地図えほん』 北海道新聞社 2006年

渡辺一史 『北の無人駅から』 北海道新聞社 2011年

逐次刊行物

『枝幸研究　第2号』 オホーツクミュージアムえさし 2010年

『ぶっくらぼ第1号』 北海道ブックシェアリング 2017年

『みんなの図書館』 教育史料出版会 2020年9月号

『田舎暮らしの本』 宝島社 2023年2月号

ウェブサイト

岸本良信　https://www.kishimotoyoshinobu.com/

総合商研　https://www.shouken.co.jp

ビクターエンターテイメント　https://www.jvcmusic.co.jp/-/Profile/A003366.html

レッドイーグルス北海道　https://redeagles.co.jp/

三星　https://yoitomake.jp/

映画.com　https://eiga.com/

拝啓、旅人様。　https://hi-tabi.jp/magazine/

六畳書房　https://mobile.twitter.com/rokujoshobo

内藤律子　https://blue-wind.wixsite.com/ritsuko-naito/welcome

旭川家具工業協同組合　https://www.asahikawa-kagu.or.jp/

経済の伝書鳩　https://denshobato.com/

十勝毎日新聞社　https://www.tokachi.co.jp/

北海道日本ハムファイターズ　https://www.fighters.co.jp/

伊勢正三　https://www.ise-shozo.com/

北海道ファンマガジン　https://hokkaidofan.com/

JR北海道　https://www.jrhokkaido.co.jp/

北海道新聞　https://www.hokkaido-np.co.jp/

特定非営利活動法人氷室冴子青春文学賞　https://i-akariya.org/himuro-bungaku/

音楽図書館協議会　https://mlaj.org/

うちどく.com家読推進プロジェクト　http://uchidoku.com/htdocs/

特定非営利活動法人CAPセンター・JAPAN　http://cap-j.net/

特定非営利活動法人「日本で最も美しい村」連合　https://utsukushii-mura.jp/

フードバレーとかち推進協議会　https://www.foodvalley-tokachi.com/

一般社団法人北海道ブックシェアリング　https://booksharing.wixsite.com/bookshare

道東ホースタウンプロジェクト　https://dotohorsetown.jp/

公益社団法人北海道アイヌ協会　https://www.ainu-assn.or.jp/

北海道標茶高等学校　http://www.shibecha-h.ed.jp/

北海道各地域おこし協力隊Twitter、Facebook、Instagram

北海道各市町村観光協会HP

北海道各市町村HP

北海道各図書館・図書室HP、Twitter、Facebook、Instagram

北海道立図書館　https://www.library.pref.hokkaido.jp/

北海道　https://www.pref.hokkaido.lg.jp/

プロフィール
PROFILE

監修

野口 武悟
（のぐち たけのり）

専修大学文学部教授、放送大学客員教授

筑波大学大学院博士課程修了、博士（図書館情報学）。2006 年より専修大学に勤務。現在、千代田区図書館評議会会長、小田原市図書館協議会委員長、横浜市社会教育委員、全国学校図書館協議会機関誌編集委員長、日本図書館協会障害者サービス委員などを務める。専門は図書館情報学で、図書館の障害者サービスと読書のバリアフリー、学校図書館マネジメント、子どもの読書活動、電子図書館サービスなどを研究している。近著に『改訂 図書館のアクセシビリティ：「合理的配慮」の提供へ向けて』（共編著、樹村房、2021 年 12 月）、『電子図書館・電子書籍貸出サービス調査報告 2021：After コロナをみすえて』（共編著、樹村房、2021年 12 月）、『変化する社会とともに歩む学校図書館』（単著、勉誠出版、2021 年 4 月）など。

青木 竜馬
（あおき りゅうま）

本企画発起人。日外アソシエーツ（株）勤務。一般社団法人日本からだ・ぶんかストリート（JKBS）理事長。書籍編集者として『3.11の記録 東日本大震災資料総覧』『認知症予防におすすめ図書館利用術』『子どもの心を動かす読み聞かせの本とは 解説＆ブックガイド400』などの制作に携わる。JKBSでは人生100年時代、大切なのは気心の知れた仲間との時間・場所〈サード・プレイス〉であると、健康講座、落語会、スポーツ教室開催などに取り組んでいる。

編著

加藤 重男
（かとう しげお）

北海道図書館研究会実行委員長、みんみん舎代表　司書

北海道内の公共・学校図書館への取材、勉強会などを開催。氷室冴子青春文学賞、写真家・土肥美帆氏トークイベントやコーディネートなど。

中央大学法学部卒。都内書店を経て、日本語教育の凡人社を皮切りに、1989年から91年渡英、現地日系書店ロンドンジャパンセンター勤務。帰国後、洋書取次タトル商会、デンマークに本社を持つエグモント勤務。2003年河出書房新社へ移籍。都内公共図書館勤務経験あり。2018年春札幌へ移住。日本出版学会員。

『みんなの図書館』2020 年 9 月号「特集・北海道の図書館」にてそれまでの活動を報告。

北海道図書館研究会

北海道の公共・学校図書館を中心に書店、出版社、メディアによる任意の勉強会。2019年 7 月 7 日、第 1 回北海道図書館研究会開催。その都度テーマに応じて実行委員会形式で活動中。

コラム執筆（掲載順）

杉原理美	黒氏優子	井上陽子	淺野隆夫	谷中聖治	古谷　綾
只石美由紀	岩田　徹	山本公美	宮本　浩	濱田実里	永吉くみ
辻めぐみ	民安園美	高橋智信	荒井宏明	吉田美奈子	

協力

公益社団法人　北海道アイヌ協会
一般社団法人　北海道リージョナルリサーチ

編集協力

児玉優子	豊田恭子	重野正子	室田玲子	川合佳奈	加藤啓子

Special Thanks

北海道すべての公共図書館・図書室のみなさま

※本書掲載について一部著作権者および著作権継承者不明のものがございます。
　お気づきの方は、小社までご連絡ください。

わが町を知ってもらうなら！
北海道の図書館員が薦めるブックガイド

発　行	2023年3月31日　初版第1刷
監　修	野口武悟　青木竜馬
編　著	加藤重男（北海道図書館研究会）
発行者	林下英二
発行所	中西出版株式会社
	〒007-0823　札幌市東区東雁来3条1丁目1-34
	TEL 011-785-0737　FAX 011-781-7516
印刷所	中西印刷株式会社
製本所	石田製本株式会社